POR UMA EDUCAÇÃO TRANSFORMADORA
IDEIAS E PRÁTICAS DE JANUSZ KORCZAK

Conselho Acadêmico
**Ataliba Teixeira de Castilho
Carlos Eduardo Lins da Silva
Carlos Fico
Jaime Cordeiro
José Luiz Fiorin
Tania Regina de Luca**

Proibida a reprodução total ou parcial em qualquer mídia
sem a autorização escrita da editora.
Os infratores estão sujeitos às penas da lei.

A Editora não é responsável pelo conteúdo deste livro.
Os Autores conhecem os fatos narrados, pelos quais são responsáveis,
assim como se responsabilizam pelos juízos emitidos.

Consulte nosso catálogo completo e últimos lançamentos em **www.editoracontexto.com.br**.

Aline Alvim
Monica Fantin
José Douglas Alves

POR UMA EDUCAÇÃO TRANSFORMADORA
IDEIAS E PRÁTICAS DE JANUSZ KORCZAK

Copyright © 2023 dos Autores

Todos os direitos desta edição reservados à
Editora Contexto (Editora Pinsky Ltda.)

Montagem de capa e diagramação
Gustavo S. Vilas Boas

Preparação de textos
Daniela Marini Iwamoto

Revisão
Tomoe Moroizumi

Dados Internacionais de Catalogação na Publicação (CIP)

Alvim, Aline
Por uma educação transformadora : ideias e práticas de Janusz
Korczak / Aline Alvim, Monica Fantin, José Douglas Alves. –
São Paulo : Contexto, 2024.
128 p.

Bibliografia
ISBN 978-65-5541-393-9

1. Educação de crianças 2. Korczak, Janusz, 1878-1942
3. Educadores – Polônia – Biografia
I. Título II. Fantin, Monica III. Alves, José Douglas

24-0252   CDD 370.1

Angélica Ilacqua – Bibliotecária – CRB-8/7057

Índice para catálogo sistemático:
1. Educação de crianças

2024

Editora Contexto
Diretor editorial: *Jaime Pinsky*

Rua Dr. José Elias, 520 – Alto da Lapa
05083-030 – São Paulo – SP
PABX: (11) 3832 5838
contato@editoracontexto.com.br
www.editoracontexto.com.br

O espanto maior provém do descobrimento. Como é possível um pedagogo, no início do século, ter refletido de forma tão moderna sobre a criança e sua educação, sem que seu nome seja citado ao lado dos de Piaget, Wallon, Gesell, Freud, Montessori, Freinet? (Rosemberg, 1979, p. 103)

*Eu hoje vi Janusz Korczak
Com suas criancinhas no último trem,
As crianças todas estavam bem vestidas
Como num passeio, num dia de festa.*

*Cabeça descoberta, o olhar sem medo,
À frente da multidão, Korczak caminhou.
Segurando-o pelo bolso, uma criancinha crescida,
E duas pequeninas, ele nos braços carregou.*

*Alguém, com papel na mão dele se aproximou,
Muito nervoso, algo explicava e berrava: –
"O senhor pode voltar... aqui tem o bilhete de clemência."
Mas Korczak, mudo, somente a cabeça movia.*

*As crianças caminhavam em direção aos vagões
Como num passeio, no dia de Lag-Baomer.
E o baixinho – com orgulho em seu olhar
Hoje, se sentiu um verdadeiro guarda.*

*Ouvem vocês? Oh! Vizinhos do muro do gueto?
Vocês, que observam nossa morte, pelas grades?
Janusz Korczak morreu!! para nós também,
Teremos nossa Vesterplate...*
(Wladislav Shenguel, poeta polonês)

Sumário

APRESENTAÇÃO 9

JANUSZ KORCZAK:
BIOGRAFIA E CONTEXTO HISTÓRICO 13

    Notas biográficas sobre Janusz Korczak 13

    Infância e adolescência 14

    O jovem Korczak: de Henryk Godszmit a Janusz Korczak 16

    De médico a educador: entre hospitais, guerras e o orfanato 17

    O mártir vítima do nazismo 21

    Contexto histórico 24

A VISÃO DE CRIANÇA
EM KORCZAK 39

    Como amar uma criança:
        um tratado que reconhece o direito da criança ao amor,
        ao respeito e à compreensão 39

    Quando eu voltar a ser criança:
        colocar-se no lugar da criança 48

A EDUCAÇÃO EM KORCZAK 61

Os dispositivos pedagógicos no Lar das Crianças 67

CONTRIBUIÇÕES PARA A INFÂNCIA E A EDUCAÇÃO 87

Contribuições de Korczak para a elaboração
da "Declaração universal dos direitos das crianças" de 1959 87

O direito da criança ao respeito e ao amor 93

O direito da criança à educação 97

O direito de brincar 97

Possíveis aproximações entre algumas
concepções pedagógicas de Korczak e a pedagogia de Freinet 98

Aproximações históricas:
um diálogo com outros educadores de sua época 105

Palavras finais 115

Referências 123

Os autores 127

APRESENTAÇÃO

Por que ler um livro dedicado ao polonês Janusz Korczak? A pergunta, na verdade, deveria ser outra: por que conhecemos tão pouco deste educador da primeira metade do século XX que trouxe tantas perspectivas novas na área, em uma época em que se começava a questionar qual educação seria a mais adequada para formar novos cidadãos? Korczak ajudou a tornar mais nítidas as relações entre infância, educação, cultura, política e sociedade, denunciando e criticando a invisibilidade e o silenciamento das crianças. Ele dedicou sua vida àquilo em que acreditava, sem abandonar os seus ideais mesmo quando a morte se tornou tragicamente visível em seu horizonte e no das crianças que acompanhava.

O que é surpreendente, assim, é que seu nome não esteja consolidado entre os grandes clássicos contemporâneos estudados nas universidades no Brasil. Considerado um dos precursores na luta pelos direitos das crianças, conferindo-lhes outra forma de percebê-las (social, cultural e politicamente), o médico, pedagogo e escritor polonês se tornou uma referência internacionalmente reconhecida não somente na Pedagogia e na Educação, mas também em outros campos e áreas do saber, como a Sociologia, a Comunicação, o Direito, a Antropologia, a Psicologia e a Filosofia.

Quantos estudantes de Pedagogia são formados a cada ano no Brasil e desconhecem a história e trajetória de um médico/pedagogo polonês que no início do século passado dedicou boa parte de sua vida – lamentavelmente abreviada devido ao regime nazista e à consequente perseguição/caça aos judeus e outros grupos étnicos – às crianças, tratando-as como sujeitos de direitos, dando-lhes o devido respeito e atenção e atuando para sua proteção, provisão e participação social?

Não seria uma surpresa constatar o número de profissionais formados em instituições públicas ou privadas que nem sequer chegam a ler ou mesmo conhecer as obras escritas por Janusz Korczak (como assim ficou mais conhecido Henryk Goldszmit, 1878-1942), deixando de ter uma noção da relevância delas para seu campo de trabalho, de um melhor entendimento das relações estabelecidas entre os adultos e as crianças, bem como uma maior compreensão da vida como um processo sociocultural permeados por venturas.

Entre tantas inspirações que encontramos no autor, nos impressiona encontrar nele a capacidade, o compromisso e a competência que, acima de qualquer categoria, definem um educador. Mais do que um médico e pedagogo, Korczak foi considerado um "pai" das crianças, ou o papel que esperamos de um pai, zelando pelo seu cuidado, educação e garantia ao respeito e dignidade. Sua trajetória ajuda-nos a refletir acerca da nossa prática como educadores/as, e a nos perguntar como através dela os direitos das crianças e o direito a ser quem são têm sido garantidos.

Sempre atento às indagações de seu tempo, Korczak se tornou um dos primeiros a denunciar e criticar o modo como muitas crianças eram tratadas. O que o movia nessa causa era seu amor por todas as crianças, em especial aquelas desamparadas, abandonadas e por vezes "esquecidas" pela sociedade. E sua teoria estava estritamente vinculada ao seu saber empírico, ou às suas práticas sociais, tanto como médico como quanto educador. Quando teve que decidir entre assegurar para si mesmo o direito mais básico do ser humano (o direito à vida, à sobrevivência) ou ser levado a algum dos campos de extermínio nazistas junto com as crianças das quais cuidava e educava, o educador levou seu amor até as últimas consequências.

Esta obra tem alcance multidimensional. Na Pedagogia, funciona como um guia orientativo para docentes e estudantes em formação que buscam referenciais outros, exemplos que realcem e enalteçam a imagem e a postura do/a educador/a diante de seus inúmeros desafios cotidianos – com especial atenção à relação criança-adulto. Na História, é um importante registro de um indivíduo que marcou sua sociedade, seu tempo histórico e deixou um legado humano que merece e necessita ser lembrado. No Direito, é um meio de lembrar que os direitos advêm da ação humana no mundo e são constituídos em contextos os mais adversos possíveis.

No âmbito da pesquisa, para distintas áreas, ciências e campos do conhecimento, o livro suscita reflexões que contribuem para mensurar a relevância do trabalho realizado por Janusz Korczak, bem como o seu impacto no contexto histórico estabelecido. Quer o enfoque esteja na prática educativa com crianças, nos modos de ver e reconhecer tais sujeitos como dignos de direitos, nas possibilidades de inspirar novas lições para o tempo presente (na dimensão escolar, acadêmica, política e social) ou outras expectativas teórico-metodológicas, notamos uma abrangência reflexiva que se traduz em diferentes dimensões.

Portanto, esta obra busca tornar o nome de Janusz Korczak mais conhecido nas faculdades de Educação e de outros cursos, bem como na sociedade de modo geral. Se mais pessoas puderem ler, ouvir, ver, comentar, discutir, sentir e se inspirar no que Korczak deixou de legado, acreditamos estar caminhando em direção a um horizonte educativo/social propício ao que consideramos o mais próximo do ideal: aquele em que as crianças olhem para os adultos sem medo ou sem receio de se sentirem "menores", menos importantes, menosprezadas por pessoas que se consideram acima das demais (e dos demais seres).

O objetivo principal deste livro é analisar alguns aspectos do pensamento de Korczak sobre a criança e a educação. Assim apresentamos o contexto histórico e suas relações com a vida e obra de Korczak no capítulo "Janusz Korczak: biografia e contexto histórico"; identificamos a concepção de criança presente em duas das mais conhecidas obras do autor, *Como amar uma criança* e *Quando eu voltar a ser criança*, no capítulo "A visão de criança em Korczak"; trazemos a concepção de educação nessas obras durante o capítulo "A educação em Korczak"; e, a seguir, no capítulo "Contribuições para a infância e a educação", refletimos sobre algumas das contribuições de Korczak para os direitos da criança e para a educação, destacando ainda possíveis relações ou desdobramentos dos princípios educativos do autor e outros educadores do século XX.

JANUSZ KORCZAK: BIOGRAFIA E CONTEXTO HISTÓRICO

Neste capítulo são abordados aspectos referentes à vida de Janusz Korczak, desde a sua infância até sua morte, em 1942. Para melhor compreender a trajetória do autor, faz-se necessário situar o leitor acerca do contexto histórico em que ele estava inserido. Para tanto, sua biografia está baseada em pesquisas e estudos que mencionam o contexto histórico com base em análises de autores que se propuseram estudar a história daquele período, bem como outros que se dedicaram à vida de Korczak.

NOTAS BIOGRÁFICAS SOBRE JANUSZ KORCZAK

Janusz Korczak, pseudônimo literário para Henryk Goldszmit, nasceu em Varsóvia, Polônia, em 22 de julho de 1878. Considerado um dos mais importantes educadores judeus do século XX e pioneiro nos estudos acerca dos direitos da criança, formou-se médico pediatra e posteriormente pedagogo. É também reconhecido pela sua vasta produção literária e prática pedagógica que ainda hoje tem muito a contribuir com a compreensão do conceito de infância e com os estudos a respeito da educação e das práticas pedagógicas.[1]

Korczak escreveu diversos trabalhos, entre eles artigos, peças teatrais, livros sobre a infância e educação, além de contos e histórias juvenis. Devido a uma produção voltada ao respeito das crianças e à garantia de seus direitos, tornou-se um célebre defensor desses sujeitos, dedicando grande parte da sua vida aos cuidados das crianças judias pobres e abandonadas, que alguns estudiosos descrevem como sendo seus "filhos",[2] uma vez que optou por não constituir uma família e não teve herdeiros.

Sua formação em Medicina possibilitou ter perspectiva a respeito do cuidado com o corpo, por considerar difícil a separação entre uma educação da alma e outra do corpo, conforme era vigente na época. Para ele, os papéis de médico e pedagogo eram indissociáveis, e por isso suas ideias centravam-se na formação de um sujeito integral, com direito a uma vida digna e plena.

INFÂNCIA E ADOLESCÊNCIA

Oriundo de uma família abastada, judeus assimilados à cultura polonesa, morava em um bairro não judeu em Varsóvia, Nowy-Shwiat, em um apartamento grande localizado em uma das ruas mais nobres da cidade. Em seu lar viviam sua mãe (Cecylia), seu pai (Joseph), sua irmã mais nova (Anna), a avó materna, a cozinheira, a arrumadeira e a babá.

Quando pequeno, sua mãe não o deixava brincar fora de casa com as outras crianças, que segundo ela eram sujas, pobres, tinham piolhos, eram briguentas e falavam palavras vulgares, inadequadas para uma criança com o perfil de seu filho. Mas, para ele, "eram crianças que corriam o dia todo, bebiam água de nascentes e compravam balas deliciosas de vendedores de quem ele não podia se aproximar. Até mesmo o vocabulário parecia-lhe engraçado".[3] Provavelmente, a vida dessas crianças lhe parecia mais interessante, correndo e brincando livremente todos os dias, se comparada à dele dentro daquele apartamento.

A recusa materna tinha mais um motivo: a descendência judia do filho. Este fato levava os pais das demais crianças a impedi-las de se aproximarem dele. Korczak relata em seu diário que aos 5 anos de idade seu canário morreu e ele quis enterrá-lo colocando uma cruz em seu túmulo, no entanto, foi impedido pela empregada que alegou ser pecado chorar por um animal, pois é um ser inferior ao homem. Mas o que o deixou perplexo foi o comentário do filho do zelador do edifício onde morava: o canário era judeu. Em seu diário, Korczak reflete acerca dessa situação:

> [...] o canário era judeu.
> E eu também.
> Eu era judeu e ele polonês católico. Ele estará um dia no paraíso; quanto a mim, com a condição de nunca pronunciar palavras feias e levar-lhe [ao filho do zelador] docilmente açúcar furtado em casa, poderei entrar após

minha morte em alguma coisa que não é propriamente o inferno, mas onde, de toda forma é muito escuro. E eu tive medo do escuro.

A morte – judeu – o inferno. O escuro paraíso judeu. Dava o que pensar.[4]

Até os 7 anos, Henryk foi educado em casa por tutores como era de costume em alguns círculos restritos. Após esse período, foi estudar em uma escola russa, onde "era proibido estudar a história e a língua polonesas. O sistema de educação nas escolas era autoritário e punitivo e permitia que os alunos sofressem periodicamente agressões físicas, como puxões de orelha ou espancamentos com a régua pelo professor".[5] O jovem Korczak, ainda na época conhecido por Henryk, não se adaptava ao regime de disciplina e à exigência de seus professores, e assim passou a detestá-los, tornando-se para ele pessoas estranhas. Porém, gostava muito de ler e passava boa parte do tempo exercitando a leitura. Os clássicos da literatura polonesa tinham um espaço especial nesses momentos. Passava horas trancado em seu quarto, lendo, sem tomar conhecimento do que ocorria em seu lar.

Em sua adolescência, sonhava em ser advogado e defender pessoas inocentes. Interessou-se também por Antropologia, Ciência, História e, às escondidas, escrevia poemas. Já muito jovem amava as crianças, deixando registrado em seu diário o quanto gostava e as admirava.

A dor da perda com maior intensidade aconteceu aos 14 anos, quando sua avó materna, com quem dividia seus sonhos e revelava seus pensamentos e de quem recebia carinho e suporte de tudo quanto precisava, veio a falecer. Aconteceu em um momento crítico para a família Goldszmit, pois o pai precisou ser internado diversas vezes em um sanatório devido a sua instabilidade emocional, o que resultou em grandes custos financeiros para a família, além do sofrimento pela sua ausência. Nesse período Henryk vivia imerso no mundo da sua imaginação e ocasionalmente buscava consolo no túmulo de sua avó no cemitério judaico.

Henryk foi então transferido para o "ginásio"/escola russa, localizado em um subúrbio de Varsóvia. Esta não era mais uma instituição educacional de elite, ao qual a jovem criança tinha se acostumado, já que os recursos financeiros da família haviam sido utilizados no tratamento psiquiátrico de seu pai. Em sua obra *Diário do gueto* (1986), Korczak, que foi um grande leitor e apreciador da literatura clássica polonesa e universal, escreveu que a leitura para ele foi um alento nessa difícil fase da vida, refugiando-se nela e em composições literárias.

15

O JOVEM KORCZAK:
DE HENRYK GODSZMIT A JANUSZ KORCZAK

Quando tinha 18 anos de idade, em 1896, seu pai morreu por suspeita de suicídio. Korczak descreveu aspectos do trauma da perda lenta e trágica de seu pai:

> A minha vida foi difícil, mas interessante. É o tipo de vida que eu pedi a Deus na minha mocidade: "Meu Deus, conceda-me uma vida dura, mas bela, rica e elevada". Quando soube que Slowack já era um autor da mesma oração, sofri; assim a ideia não era minha, tinha um predecessor. Na idade de 17 anos comecei a odiar a vida por medo de enlouquecer. Tive medo que parecia pânico do hospital psiquiátrico onde meu pai foi várias vezes internado. Filho de um alienado, era eu, pois, portador de uma tarefa hereditária. Durante dezenas de anos esta ideia voltou a me atormentar periodicamente e me atormenta até hoje. Mas eu gosto demais da minha loucura para não ficar apavorado ante a ideia de que alguém queira curar-me contra a minha vontade.[6]

Dadas as lamentáveis circunstâncias, Henryk precisou ajudar financeiramente no sustento da casa, passando a dar aulas particulares. A partir dessa experiência sentiu o quanto gostava de ensinar as crianças e percebeu que possuía facilidade para isso. Ele começou a trabalhar dando aulas na casa de uma família muito rica.[7]

> [...] presenciando o clima de revolução e sofrimento da população nas ruas de Varsóvia, Henryk preocupava-se não só com os infantes pobres e órfãos que vagavam pela cidade sem proteção, alimentação e carinho. Tornavam-no apreensivo, também, aquelas crianças cujos pais pagavam para que recebessem educação e alimentação, mas que, no entanto, optavam pelo trabalho ou pelo próprio lazer em vez de acompanhar o crescimento de seus filhos.[8]

Nesse período trabalhando como tutor, certa vez uma família pobre se queixou que não tinha possibilidades de dar ensino aos seus filhos. Korczak, ainda conhecido como Henryk, imediatamente ofereceu-se para ensiná-los, mudando-se para a casa da outra família. Essa família de nove pessoas morava no bairro da cidade velha de Varsóvia, em uma única sala. Assim, o jovem Korczak pôde ter contato com as camadas mais pobres da população de Varsóvia. Logo ficou conhecido como o amigo das crianças. Elas se aproximavam dele e ele lhe contava histórias. Os adultos também o procuravam para pedir um conselho ou ajuda. Foi a convivência com essas pessoas que lhe deu subsídios para a produção da sua obra *Criança de rua*, publicada pela editora Jacob Mordkoviez, muito bem recebida pela crítica e pelos leitores.

Dois anos após o falecimento do pai, inscreveu-se na Universidade de Medicina de Varsóvia, "um privilégio conquistado por um círculo restrito de judeus devido às leis antissemitas".[9] É na universidade que ele passa a ser conhecido como Janusz Korczak.

> Goldzmit escolheu este pseudônimo aos 20 anos, quando se inscreveu num concurso literário com uma peça teatral intitulada: *Que caminho?*. De acordo com Lifon (2005, p. 31-32), a opção do nome, originalmente Janusz Korczak, não foi aleatória. Seu tio, Jakub Goldzmit, presenteou-o com o livro do famoso novelista polonês, Joseph Ignacy Kraszewski, nascido em 1812, seu amigo. No livro o personagem Janasz[10] Korczak era um herói órfão, corajoso e de origem nobre. A escolha do pseudônimo pode ter acontecido por duas razões. A primeira para preservar o anonimato da família e possivelmente para mudar sua sorte, e a segunda para garantir um nome polonês. Num país em que se rejeitava a origem judaica dos cidadãos, o sobrenome Goldzmit era indiscutivelmente um nome judaico e discriminado. Com um nome gentio ele poderia se recriar como um cidadão comum ligado a um passado heroico como o de qualquer polonês.[11]

Korczak formou-se em Medicina e continuou estudando e escrevendo artigos sobre a saúde da criança, cursando Pediatra. Seguiu escrevendo diversas obras tanto para o público infantil como para o adulto, algumas delas traduzidas para a língua portuguesa como: *O Rei Mateusinho I, Quando eu voltar a ser criança, Como amar uma criança, A sós com Deus* e *Diário do gueto*, em que ele "apresentou suas ideias sobre os direitos da criança e da educação democrática, trazendo novas concepções para o desenvolvimento da capacidade de raciocínio e espírito crítico do aluno".[12]

DE MÉDICO A EDUCADOR: ENTRE HOSPITAIS, GUERRAS E O ORFANATO

Em 1904, quando completou sua graduação, iniciou residência no Hospital Público Judaico Infantil e no ano seguinte foi convocado pelo

Exército Imperial Russo para servir na Guerra Russo-Japonesa (1904-1905), em um trem-hospital na ferrovia Transiberiana. Mesmo durante a guerra continuou a escrever sobre a criança, e quando retornou a Varsóvia percebeu que seus artigos haviam gerado grande repercussão no público, consagrando-o como "Janusz Korczak, o novo escritor jovem da literatura de Varsóvia".[13]

Em 1906 retorna às suas atividades no Hospital Judaico Infantil, onde permaneceu por sete anos. Korczak atendia tanto as crianças provenientes de famílias abastadas de Varsóvia como as de famílias carentes, cobrando pelas consultas destas um valor irrisório. No ano seguinte, guiado por seu sonho em ajudar as crianças pobres, fez viagens com as crianças judias e polonesas carentes custeadas por filantropos. Essas crianças eram, em sua maioria, advindas de lares com famílias desestruturadas e pais alcoólatras. Esse foi um período que lhe proporcionou integrar as crianças judia e polonesa e conhecer o desenvolvimento da saúde infantil fora do hospital.

Em 1908, um colega de hospital, o dr. Izaak Eliasberg, contou-lhe a respeito da Sociedade Judaica de Ajuda aos Órfãos, o que despertou em Korczak um novo propósito para a vida: além de médico, queria ser também um educador. Ele ajudou na arrecadação de fundos para a manutenção de um abrigo para crianças órfãs e abandonadas, angariada pela Sociedade. Foi nesse abrigo, conhecido como "Refúgio", que conheceu a educadora Stefania Wilczinska, que dirigia a instituição. Dessa relação surgiu uma amizade que duraria até o fim de seus dias – quando estiveram lado a lado com as crianças do orfanato nos campos de concentração em Treblinka.

Stefania, mais conhecida como Stefa, era formada em Ciências Naturais e interessava-se muito pela educação. Algum tempo depois em Varsóvia, trabalhou com Korczak no orfanato da rua Krochmalna, 92, quando obtiveram maior reconhecimento pelo seu trabalho. Korczak se interessou pelas atividades desenvolvidas no referido abrigo, e em suas horas vagas frequentava o local para conversar com Stefa e brincar com as crianças, que apreciavam muito a sua companhia, divertindo-se com o médico que sempre tinha nos bolsos balas, apresentava truques de mágicas, inúmeras charadas e contos de fadas para contar. Esse envolvimento com as crianças do abrigo e Stefa aumentava continuamente até o momento em que passava mais tempo nesse local do que em outras atividades.

Ainda no ano de 1908, Korczak viajou para Berlim e Zurique para aprofundar seus estudos acerca do comportamento infantil e frequentar cursos de especialização na área pedagógica, mas acabou atrasando sua graduação em virtude da sua atividade extracurricular jornalística e das horas obrigatórias de treinamento militar.

No ano de 1909 a situação política da Polônia ficou crítica devido à volta da repressão czarista.[14] A editora das revistas para a qual Korczak trabalhava foi fechada e ele foi enviado à prisão de Spokonja, juntamente com outros escritores. Graças a uma família polonesa rica e influente, que eram pais de um dos seus pacientes, ele foi libertado.

No ano de 1910, novamente seu amigo Izaak Eliasberg apresentou a Korczak um novo projeto: a construção de um orfanato modelo, pois o abrigo para crianças órfãs e abandonadas onde trabalhava começava a não suportar a demanda cada vez maior, principalmente após a Guerra Russo-Japonesa. Assim, Korczak e Stefa tiveram a oportunidade de realizar um sonho em comum – um ambiente educacional digno para as crianças. Esse foi um divisor de águas na vida de Korczak, passando de médico em um hospital judaico infantil a diretor de um orfanato, o Don Sierot ou Lar das Crianças. No entanto, embora fosse um sonho prestes a se realizar, Korczak se lamentava:

> Abandonei o hospital pelo Orfanato. Guardo sentimento de culpa. Saí a primeira vez por imposição (a guerra). Uma segunda vez, por um ano (Berlim). Uma terceira vez, apenas por seis meses (Paris). Para as luzes, para o saber. E depois, no momento quando já sabia que não sabia nada e porque não sabia nada, quando, enfim, eu podia não causar mal ao doente, eis que largo para o desconhecido. O hospital me deu tanto e eu, ingrato, dei-lhe tão pouco. Que deserção vil! A vida me castigou por isso.[15]

Ele mesmo fiscalizou a construção, colaborou com os arquitetos e estabeleceu os princípios da organização. O orfanato foi inaugurado em 1912, e Korczak oficialmente tornou-se seu diretor, médico e educador-chefe. O Lar das Crianças chegou a abrigar 150 crianças entre 7 e 14 anos de idade. A grande aspiração de Korczak era que o orfanato funcionasse como uma comunidade democrática onde os jovens organizassem seu parlamento, tribunal e jornal. Além disso, a partir de um processo de trabalho coletivo e colaborativo, as crianças poderiam conviver com o outro honesta e responsavelmente.

Durante o ano de 1910, enquanto o orfanato ainda estava em construção, Korczak passou seis meses em Paris participando de cursos com especialistas em Pediatria e conhecendo orfanatos e casas de detenção. No ano seguinte, viajou para Londres a fim de conhecer o orfanato localizado em Forest Hill, onde aprendeu partes das estratégias pedagógicas que mais tarde aplicou no orfanato de Varsóvia.

Inaugurado em outubro de 1912, o orfanato foi considerado uma das primeiras instituições desse tipo a possuir "instalações modernas, com aquecimento central, dois grandes dormitórios para meninos e meninas, grandes janelas, sala de refeição, sala de estudo, área de lazer, banheiros com água quente e uma moderna e bem equipada cozinha".[16]

O Lar das Crianças era uma república onde se instalou uma ordem em que as próprias crianças assumiam a direção da casa. Korczak foi responsável por estabelecer elementos que favoreciam a convivência democrática, como: o quadro de avisos, a caixa de cartas, a vitrina dos objetos achados, a divisão do trabalho, o comitê da tutela, as reuniões-debate, o jornal, o tribunal de arbitragem. O modelo de autogestão instituído logo ficou conhecido, e por isso era comum receber a visita de educadores de diversos países que queriam conhecer pessoalmente esse orfanato democrático e as principais figuras por trás dele: Korczak e Stefa.

No período entre 1914 e 1918, Korczak precisou deixar o orfanato para servir ao exército na Primeira Guerra Mundial, prestando serviços médicos às tropas russas. Antes de sua convocação, ele apresentou-se para angariar dinheiro e mantimentos para Stefa e os órfãos, já que os rumores da guerra invadiam a cidade e Varsóvia já se encontrava em estado de caos. Quando retornou em 1918, pouco antes do fim da guerra, os alemães ainda ocupavam a cidade. Nesses quatro anos de sua ausência, Stefa dirigiu o orfanato, que apesar das misérias e doenças enfrentadas[17] continuava em perfeita ordem. As crianças estavam eufóricas com a sua chegada.

Logo após o fim da guerra e com a Polônia livre,[18] Korczak começou a escrever uma coluna destinada às crianças em um jornal local sobre os acontecimentos recentes. Ele queria que as crianças soubessem o significado da independência, e para tanto explicava a elas, utilizando uma linguagem simples e pertinente ao cotidiano infantil, acerca do domínio exercido pelos países vizinhos sobre o território polonês, das decisões tomadas na Conferência de Paz de Paris, da maneira que se deram a eleição e a formação do parlamento nacional, entre outros assuntos. Desta forma Korczak explicava as invasões que o país sofreu, e também proferia palestras para crianças na rádio de Varsóvia. Milhões delas ouviam suas histórias contadas com muito humor. Essas tarefas e a sua crescente popularidade não foram um empecilho para cumprir suas obrigações no orfanato.

Em 1919 teve início a Guerra Polono-Soviética (1919-1921)[19] e Korczak foi recrutado para servir como major no novo exército polonês no hospital de Lodz, aos 41 anos de idade. Durante essa guerra, contraiu tifo e foi para casa de sua mãe em Varsóvia para se recuperar. Ela acabou contraindo a doença e faleceu antes que o filho se recuperasse. Essa situação o levou a escrever sua obra *A sós com Deus*, em que conta sua tristeza pela falta que sentia da mãe. Os textos desse livro "provocam, sob os mais diferentes enfoques, a reflexão sobre as relações humanas com o divino".[20]

O nome de Janusz Korczak tornava-se cada vez mais conhecido em toda Polônia. Em diversos ambientes – círculos governamentais, universidades, teatros e cafés –, falava-se de seus métodos e como eram aplicados no orfanato da rua Krochmalna, 92. Já muito se falava também sobre esse lugar, o que engrandecia ainda mais o nome de Korczak. Seu trabalho e idealismo eram muito admirados.

O MÁRTIR VÍTIMA DO NAZISMO

A situação dos judeus piorava na Polônia, crescendo a pobreza e a miséria na população, pois o país se encontrava sob influência da Alemanha de Hitler. Às vésperas da Segunda Guerra Mundial, a situação tornou-se crítica. A penúria e o ódio demonstrado aos judeus amarguraram muito a vida de Korczak. Foram anos de sofrimento, e ele não sabia o que fazer nem consigo nem com suas crianças. Era impossível levá-las a um passeio fora da cidade, pois as crianças polonesas jogavam pedras nelas e frequentemente muitas voltavam com a cabeça ensanguentada.

A ascensão do nazismo e a crescente onda de antissemitismo dificultaram o trabalho de Korczak. Ele, que um dia fora considerado um homem intelectual, ativo da elite cultural polonesa, respeitado e integrado na sociedade, foi forçadamente afastado da direção do orfanato polonês e do seu programa de rádio, já não podia mais publicar seus artigos nos jornais poloneses e foi retirado do seu cargo de conselheiro da Corte Juvenil de Varsóvia. Mesmo envolto nessa situação caótica de plena efervescência de ideias antissemitas, em 1937 Korczak recebeu o prêmio Golden Laurel da Academia Polonesa de Literatura em reconhecimento por suas obras.

O exército de Hitler invadiu a Polônia no dia 1º de setembro de 1939. Nos meses e anos posteriores, a situação dos judeus se agravaria ainda mais. Em agosto do ano seguinte, eles foram retirados "das pequenas cidades e da zona rural polonesa. Três milhões e trezentos mil judeus poloneses foram submetidos ao controle alemão".[21] Os que tinham 12 anos de idade ou mais "foram obrigados a usar a braçadeira branca ostentando a estrela de David azul. Eles foram rapidamente concentrados em guetos [...].[22]

Korczak, juntamente com as crianças e os educadores do orfanato, foi confinado no gueto de Varsóvia. Em 1939, recebeu uma ordem para que desocupassem a casa do orfanato da rua Krochmalna, no prazo de 24 horas. Todas as tentativas de acordo para que permanecessem lá foram vás. Assim, as crianças tiveram que abandonar aquela casa grande e acolhedora, com suas salas confortáveis, dormitórios claros, salas de refeições, banheiros e tantas outras comodidades. Mudaram-se para um local onde tiveram que se adaptar a quartos sujos, apertados e sem mobília, que mal abrigava o número crescente de órfãos.

Diversas vezes Korczak saiu às ruas em busca de suprimentos para as crianças, não se cansando de pedir, exigir, bater em portas das instituições para adquirir o essencial para elas. Diante da escassez crescia o número de doentes, e sem medicamentos e alimentos as crianças desfaleciam. No porão da casa foi instalado um hospital improvisado para atender as fracas e doentes. A miséria no gueto e no orfanato tornou-se insuportável e cada vez mais difícil. Apesar das constantes penúrias dentro do gueto, a vida das crianças seguiu com os mesmos costumes e regras do orfanato:

> As crianças ouviam as histórias de seus professores, brincavam com seus jogos habituais, e continuavam a reunir sua "corte" – tudo com seriedade e concentração apropriadas. Korczak estava ali ao lado delas, e as crianças sentiam sua presença sem que ele pesasse sobre elas, ou elas sobre ele. Ele cuidava para que as crianças ao menos continuassem a estudar leitura, escrita e aritmética, e até inventou um novo sistema de "cartões de estudo individual". Ocasionalmente ele convidava conhecidos estudiosos judeus, que estavam agora confinados ao gueto, para lecionar matérias de natureza histórica, social ou literária.[23]

JANUSZ KORCZAK

Durante o período em que Korczak esteve no gueto, ele costumava fazer anotações acerca de seus pensamentos, angústias, sensações e medos. Essas anotações foram escondidas nos escombros do gueto por seu amigo Igor Newerly, que as desenterrou após o fim da Segunda Guerra Mundial. Posteriormente, essas anotações se transformaram em livro, traduzido no Brasil como *Diário do gueto*. Esta obra transparece todo o amor que Korczak sentia pela humanidade.

Em 1942, os alemães implementaram os campos de extermínio, campos de concentração destinados à eliminação dos judeus e outros sujeitos integrantes de determinadas etnias ou grupos sociais. Um movimento "subterrâneo"/clandestino polonês apresentou à Korczak uma oportunidade para ele sair do gueto de Varsóvia.[24] No entanto, o médico e pedagogo não aceitou a proposta, dizendo que só sairia se pudesse levar consigo as crianças, caso contrário, ele nem queria cogitaria tal ação.

Este ano foi um dos mais penosos para ele e as crianças judias do orfanato. Já não chegavam suprimentos necessários para a sobrevivência; nas ruas, o número de crianças órfãs e famintas crescia, assim como os cadáveres de seus prováveis familiares, que dividiam o espaço entre os transeuntes. Até o fim, Korczak se dedicou às crianças, mantendo a postura de educador e pai. No pátio do orfanato organizava, vez ou outra, peças teatrais ou concertos musicais para distraí-las e trazer um pouco de alegria em meio ao caos em que estavam.

> Korczak, esfarrapado, maltrapilho, emagrecido e barbudo, igual a um mendigo, estava parado em meio à multidão de crianças esqueléticas e dirigia o concerto, que era composto de música e canto.
> No intervalo, entre um número e outro ele se aproximava das crianças doentes deitadas no chão, examinava-lhes o pulso e, acariciando suas cabecinhas, tirava do bolso do seu avental um pedaço de pão ou às vezes uma balinha.[25]

Em agosto de 1942, os alemães decidiram liquidar o gueto de Varsóvia. Com muita crueldade e sistematicamente, deram início a uma onda de extermínio dos judeus do lugar. Eles foram levados em vagões de trem como gados para os campos de extermínio, e estima-se que entre os meses de julho a setembro daquele ano mais de trezentas mil pessoas foram deportadas do gueto de Varsóvia para tais destinos.

Korczak acompanhou as crianças na sua última e derradeira estrada. Em direção ao vagão do trem que os levaria para uma câmara de gás em Treblinka, ele caminhou com duas crianças em seus braços, já fracas e impossibilitadas de caminhar, junto com Stefa, os demais educadores e todas as crianças de seu orfanato. Korczak, grande educador e bom "pai", mestre e mártir, ficou até o último momento com suas crianças, fato que ocorreu no dia 05 de agosto de 1942 – a última caminhada de Janusz Korczak e de suas duzentas crianças.[26]

CONTEXTO HISTÓRICO

Desde o final do século XIX, quando a disseminação do antissemitismo[27] ganhava força, até meados do pós-guerra, a Polônia viveu momentos de tensões políticas que refletiram na economia e na sociedade. Palco de sérias tensões religiosas entre o judaísmo e o catolicismo, sofreu ainda os impactos da Revolução Industrial, que alterou o modo de vida (da agricultura às fábricas, do campo às cidades) e a produção dos meios de subsistência.

Além de médico e educador que aplicou suas práticas educativas em um orfanato para crianças pobres e judias pautadas no ideal de respeito às crianças, na busca pela sua identidade e nos direitos dos pequenos, Janusz Korczak lutou pela tentativa de amenizar as tensões e conflitos que os judeus sofriam na sociedade polonesa. Essa luta teve início com seu bisavô e se manteve através de seu avô paterno, Hirsh Goldszmit.

Hirsh Goldszmit formou-se em Medicina e tornou-se o primeiro médico do pequeno hospital judeu da cidade de Hrubieszow, onde metade da população, cerca de três mil pessoas, era judia. Ele foi um líder comunitário judeu que, aproveitando essa posição, tentava aproximar seu povo dos poloneses. No entanto, a intransigência dos judeus não foi a única responsável pelo insucesso das tentativas de Hirsh por uma aproximação, mas também o fato de que muitos poloneses não consideravam o judeu um polonês, não importa o quão esclarecido este fosse.[28]

A história do judaísmo é marcada por perseguições e favores, alternadamente, dos governantes das terras onde habitavam. Entretanto, a comunidade judia se restringiu em seu próprio mundo, e seus membros viviam integralmente seu modo judeu de ser. A identificação desse povo se dá através da relação religiosa, consideram-se antes "judeus", judeus poloneses, judeus franceses, judeus alemães etc., já que o vínculo religioso vem antes do vínculo com a nação.

Por volta de 1880, questões acerca do nacionalismo estavam em pauta em discussões pela Europa. "Pertencer a uma nação, ter uma identidade nacional significava habitar um determinado espaço geográfico, estar integrado a certos hábitos, costumes e cultura."[29] No entanto, como os judeus não se identificavam com o território onde moravam, e sim com a sua religião, isso agravava a separação deles com a comunidade local.

Marangon comenta a entrevista de Moshe Reskin[30] a Juarez Gomes, afirmando que a união do povo judeu e seu consequente afastamento do restante da sociedade não ocorreu por si só, pois segundo ele nenhum povo se isola espontaneamente, alguma pressão externa o leva ao isolamento. De acordo com o entrevistado,

> [...] desde a diáspora, quando o povo judeu foi expulso de Israel, ele migrou para vários lugares, mas não foi bem recebido em muitos deles. Na Europa agrícola, os judeus eram proibidos de trabalhar na terra; por isso foram obrigados a procurar outro meio de subsistência – dentre eles, o estudo. "Assim, o principal ideal da mãe judia nos séculos XV e XVI era que seu filho fosse um sábio" (Reskin, 1996 apud Gomes, 1999, p. 104). Como na Idade Média, a escola ligava-se a mosteiros e à nobreza, não estando disponível para a população, os judeus criaram suas próprias escolas para que seus filhos pudessem alfabetizar-se e, então, estudar a Bíblia. O mesmo aconteceu com a criação dos hospitais judeus. Reskin (1995) afirma que, em virtude da não aceitação dos judeus nos hospitais existentes, foi necessário o desenvolvimento do seu próprio sistema de saúde.[31]

Este modo de vida judeu criado nas sociedades onde viviam passou a incomodar vários de seus contemporâneos e, como consequência, um duplo isolamento começou a se formar: de um lado, judeus criando sua própria comunidade e se afastando do restante da sociedade, e esta, por sua vez, negando-os. Era contra esse isolamento que o avô de Korczak lutava. Ele buscava pela integração entre judeus e poloneses. De acordo com Lifton,[32] Hirsh tentava convencer o povo judeu de que mudar algumas de suas práticas tradicionais (como cortar a barba, trocar o cafetã pelas roupas ocidentais, adotar tanto o polonês como o ídiche[33] à sua língua materna) não comprometeria seus valores espirituais, mas amenizaria a não aceitação do povo judeu na cultura polonesa.

Hirsh casou-se com Chana Ejser e teve seis filhos, um deles Jozef Goldszmit, pai de Korczak. Jozef frequentou uma escola hebraica em sua cidade natal e posteriormente uma polonesa, em Lublin. "O objetivo de matricular as crianças judias em escolas hebraicas antes das polonesas era possibilitar-lhes, primeiramente, o contato com uma educação tipicamente judia."[34] Mas foi na escola em Lublin que Jozef conheceu a cultura polonesa, seus poemas patrióticos e seus admirados poetas.

Essas experiências, bem como a influência de seu pai, fizeram-no buscar pela união de judeus e poloneses. Em 1864, já aos 20 anos, viajou para Varsóvia para formar-se advogado. Nesse período, a cidade era uma capital com meio milhão de pessoas, sendo que uma em cada seis delas era judia, com exceção de um círculo de judeus assimilados que viviam em extrema pobreza.

Jozef, assim como muitos contemporâneos, incomodava-se com as frustradas tentativas de insurreição contra o czar russo que nesse período dominava a Polônia. Ele acreditava que a única forma de estabelecer uma economia forte no país seria através da união e parceria entre judeus e poloneses, ideal que transmitiu mais tarde ao seu filho, Henryk Goldszmit (Janusz Korczak).

A Polônia enfrentou diversos períodos de grande instabilidade: "enquanto território nacional, sofreu várias ocupações desde o século XIII. No século XVIII, perdeu novamente, parte do seu domínio territorial para os russos. [...] as fronteiras polonesas eram constantemente remarcadas de acordo com os interesses franceses, suecos e russos".[35] Castilho e Waack acrescentam que em função dos desmembramentos a Polônia desapareceu três vezes, sendo restabelecida em 1795 quando Napoleão criou o Grão-Ducado de Varsóvia.

Os poloneses, ainda que sob dominação ora alemã, ora austríaca, ora russa, conseguiram manter suas tradições, sua língua e a vida política. Entretanto, a realidade vivida na Polônia de Jozef era preocupante, já que, como mencionado anteriormente, um em cada seis indivíduos em Varsóvia era judeu e em sua maioria vivendo em situação de grande pobreza. Jozef almejava um país forte que só seria possível pela união entre poloneses e judeus, e a fim de perseguir e alcançar esse objetivo abandonou seus estudos em Direito para angariar fundos e financiar a construção de escolas de arte e língua polonesas destinadas às crianças pobres judias; a ideia era que, dessa maneira, um dia elas pudessem pertencer à força de trabalho polonesa.

Assim, Jozef e seu irmão Jakub publicaram diversos artigos em defesa dessas escolas e uma série de monografias que visavam educar a consciência de judeus poloneses. Essas obras esclareciam a necessidade da secularização da educação judaica, da promoção de orfanatos judeus, entre outras questões sociais polonesas.

Em meados de 1874, Jozef conheceu Cecylia Gebicka, com quem posteriormente se casou e teve dois filhos: Henryk (Janusz Korczak) e Anna. Jozef, Cecylia e a família dela mudaram-se para Varsóvia. No entanto, em 1877 o sogro de Jozef faleceu, e sua sogra, Emilia, foi morar com o casal Goldszmit. Esta é a avó com quem Korczak dividiu seus sonhos, recebeu carinhos, de quem ouviu muitas histórias e apreciava grandemente a companhia. Após completar 7 anos, por volta de 1885, o jovem Korczak foi para uma escola russa extremamente rígida, onde os professores eram punitivos, chegando inclusive a agredir fisicamente as crianças, e onde também era proibido o ensino da língua e da história polonesas. Nessa época o país estava sob domínio do Império Russo. Mesmo assim, com sua brava luta de resistência, em 1882 foi criado o Partido Social-Revolucionário na Polônia. De acordo com Castilho e Waack, o país havia deixado de existir enquanto nação:

> Em 1815, durante o Congresso de Viena, o Império napoleônico foi dividido e a Polônia foi mais uma vez redistribuída entre os vencedores de guerra contra o monarca francês. A Rússia, a Prússia e a Áustria repartiram o Grão-Ducado de Varsóvia e todo o resto do território polonês. Sobrou apenas Cracóvia, transformada em cidade livre.[36]

Essa divisão e o consequente desaparecimento da Polônia contaram com o apoio da burguesia nacional, da qual maior parte era originalmente estrangeira (judeus e lituanos), que já vislumbrava a possibilidade de se obter lucros com a associação ao regime czarista russo. Novamente na história do país era proibido falar e ensinar a língua polonesa nas escolas. Dentro desse sistema educacional proibitivo, o jovem Korczak começou a refletir sobre o desrespeito que era dirigido às crianças, e como solução para isso a necessidade de se buscar, lutar e exigir os direitos delas ao respeito.

Em sua adolescência, Korczak – nesse período ainda conhecido como Henryk – fundou um grupo de amigos, o círculo "Livre Pensamento", em que os membros se reuniam na residência de um deles para discutir sobre o socialismo, nacionalismo e os deveres da juventude. Korczak foi levado por um amigo para participar de outro grupo clandestino formado por professores e estudantes, o Flying University, que recebeu esse nome, pois o local de encontro de seus membros era constantemente alterado devido às buscas policiais. Este grupo era dividido em duas facções socialistas: uma defendia a independência nacional e a outra defendia uma aliança socialista internacional com o Império Russo. Embora divididas, ambas as facções tinham como premissa manter viva a cultura e a história polonesas, as quais o czar estava determinado a destruir.[37]

A Polônia estava vivendo um período conturbado na sociedade e, em meio a essa realidade, um movimento judeu separatista se levantava, o que os isolaria ainda mais dos poloneses. Por volta de 1894, Theodore Herzl, um líder judeu, lançou o sionismo[38] – uma nova concepção de nacionalismo. Os judeus sionistas pretendiam criar uma nacionalidade própria atrelada primeiramente ao vínculo religioso e cultural de seu povo, deixando o laço geográfico em segundo plano. Em seguida, pretendiam lutar por uma nação judaica, cujo estabelecimento seria no ano de 1948, em Israel.

Os judeus buscavam por autonomia cultural e definição étnico-linguística. Queriam uma língua própria. Identificaram, então, o hebraico com a nação judaica. Embora fosse pouco utilizado para a comunicação, já que a língua falada por eles era o ídiche, a ideia era determinar o compromisso com o sionismo, e não necessariamente se comunicar através do hebraico. Korczak esteve envolvido com o movimento sionista, o que o levou duas vezes a Israel a fim de descobrir a realidade vivida lá, na esperança de alcançar a liberdade do povo judeu longe da fúria nazista.

> De qualquer modo, Henryk vivia sua juventude envolto por essa realidade conturbada que assolava o país: de um lado, as forças do Czar com o objetivo de calar os poloneses, sua cultura e tradições; de outro, os judeus, com seus planos para formação de uma nação judaica. Concomitantemente, o jovem acompanhava o desenvolvimento da doença de seu pai, a loucura.[39]

Por volta de 1896, a partir de sua experiência como tutor de crianças pertencentes às classes abastadas da sociedade polonesa, Korczak publicou em um jornal semanal seu primeiro artigo pedagógico, "No Górdio". Desde então, o novo escritor, envolvido com as questões acerca do fervor revolucionário que tomavam a Polônia, passou a escrever mais artigos sobre temas que assolavam a sociedade da época, tais como a fome, a situação miserável das crianças vivendo nas ruas, as guerras etc. Este foi um período em que o país vivia a transição de uma economia agrícola para uma economia industrial. Lifton destaca que Varsóvia mudava rapidamente, fábricas eram construídas e os camponeses migravam do campo para os bairros da cidade à procura de emprego, mas dificilmente o conseguiam.[40]

Em meio a essa efervescência no país, Korczak estava disposto a defender a vida das crianças pobres das ruas da capital, pois elas eram, para ele, a camada mais prejudicada do proletariado e não havia ninguém que as representasse. Este período de fervor revolucionário e transição da sociedade agrária para a sociedade industrial motivou vários jovens a se organizarem e formarem grupos de discussões acerca dessas problemáticas sociais e as muito prováveis consequências inerentes a tais mudanças. Preocupado com o futuro do país e a situação vulnerável das crianças, Korczak era um desses jovens que integravam esses grupos.

Conforme vimos anteriormente, quando Korczak recebeu seu diploma em Medicina, em março de 1905, foi recrutado como médico do Exército Imperial Russo atuando no *front* da Guerra Russo-Japonesa.[41] A deflagração dessa guerra se deu quando a Rússia expandia seu domínio territorial em direção ao Extremo Oriente pela ferrovia Transiberiana, esbarrando na expansão japonesa que acabou por interromper a conquista russa.

> O Japão emergia, depois de séculos de isolamento, como uma nação moderna, vencendo as batalhas terrestres e navais. As forças russas crivaramse com a corrupção, a má condução e os suprimentos insuficientes. "A Guerra Russo-Japonesa de 1904-1905, embora tenha matado 84 mil japoneses e ferido 143 mil, foi um rápido e humilhante desastre para a Rússia, ressaltando a fraqueza do czarismo."[42]

Ao retornar para Varsóvia, em 1905, a cidade estava em clima de revolução. Desde o final do século XIX havia grande revolta e inquietação social e política contra o governo imperial russo. Com a derrota na Guerra Russo-Japonesa e a desmoralização do governo russo, os liberais da classe média começaram a fazer manifestações públicas, os sindicatos emitiam ações reivindicativas e os camponeses levantaram-se ao mesmo tempo em que os trabalhadores realizavam greves gerais.

O czar, diante das crescentes e intensas manifestações, apressou-se em negociar a paz com o Japão. No entanto, antes da sua conclusão, a revolução estourou em janeiro de 1905. Nesse período, em decorrência da derrota russa, as escolas privadas reabriram, podendo, então, lecionar em polonês. A Flying University, que posteriormente se tornou a Universidade Livre da Polônia, foi finalmente legalizada e o uso do polonês nas aulas foi liberado.

Nessa época, Korczak reassumiu seu cargo de médico-residente no Hospital das Crianças, atendia pacientes em suas casas e escrevia artigos pedagógicos em revistas. Cobrava pelas consultas dadas às famílias abastadas, e com o dinheiro comprava remédios e suprimentos para famílias carentes.

> Tratei gratuitamente os filhos dos socialistas, dos mestres de escola, dos jornalistas, dos jovens advogados e médicos progressistas... dado que os médicos velhos não gostam de deslocar-se de noite, sobretudo quando se trata de pobres, eu, médico jovem, estimo que é meu dever vir em socorro todas as noites, onde precisarem de mim. Socorro rápido, compreendeis. Aliás, como fazer de outro modo? E se a criança não passa da noite?[43]

Em 1909, devido à grande repressão russa, muitos intelectuais da Polônia foram presos e exilados na Sibéria. No ano anterior, o Partido Socialista Polonês (PPS) dividiu-se em duas facções, uma de esquerda e outra de direita. Jozef Pilsudski, que viria a ser o líder da Polônia independente e filiado à facção de direita, foi a figura que defendeu intransigentemente a independência polonesa. Ainda em 1909, a retaliação russa e a opressão czarista em busca pelo domínio das terras polonesas colocaram por terra as conquistas da revolução de 1905: as universidades foram fechadas e Korczak como tantos outros escritores foram confinados em uma prisão de Spokjna. Como já citado antes, ele foi liberto mediante intervenção de uma família polonesa abastada de quem o filho fora seu paciente.

> Entre 1910 e 1918, a situação entre poloneses é extremamente confusa e predomina um intenso e nem sempre cordial debate sobre a questão nacional. Apesar de inexistirem como país, os poloneses transformaram a sua aspiração pela independência no principal ponto de conflito entre os vários grupos políticos. A burguesia continua solidamente ligada ao

regime imperial russo. Entre os nacionalistas, há, além do PPS, o Partido Nacional Democrata, que admite uma aliança provisória com Moscou, mas é violentamente antissemita, reunindo os interesses de proprietários agrícolas e pequenos comerciantes urbanos, descontentes com a forte influência econômica dos judeus lituanos.[44]

Vimos que, diante das tensões que borbulhavam no país, em 1910 Korczak e Stefa construíram o orfanato – mais tarde considerado uma inovação da arquitetura – que ficou pronto em 1912, conhecido como o Lar das Crianças.

Entre os anos de 1912 e 1914 o antissemitismo aumentou consideravelmente na Polônia. Falava-se em ameaças de invasão às propriedades judias e as crianças passaram a ser ofendidas durante o caminho para a escola. Ciente disso, Korczak convidava os vizinhos para brincar com as crianças após o horário de aula na intenção de amenizar essa situação conflituosa entre elas. Em agosto de 1914, Varsóvia estava em estado de caos: espalhavam-se rumores sobre a guerra e a cidade lotava de refugiados vindos de outras regiões, enquanto outras pessoas buscavam armazenar suprimentos. Em meio a essa situação, Korczak começou a angariar dinheiro e mantimentos para Stefa e as crianças do orfanato. Quando a Primeira Guerra Mundial teve início ele foi chamado para prestar seus serviços médicos para as tropas russas.

Em 1917, os bolcheviques tomaram o poder na Rússia, o que gerou grande desconforto na Polônia, pois com isso a aliança que existia entre a burguesia polonesa e a monarquia russa chegou ao fim.[45]

Korczak retornou à Varsóvia pouco antes do final da guerra, em 1918, encontrando a cidade ocupada pelos alemães. Após o fim do conflito, durante a Conferência de Versalhes em 1919, a Polônia finalmente alcançou a independência. No entanto, com a assinatura do Tratado de Versalhes para a redefinição do mapa da Europa, ela teve seu território diminuído. Em contrapartida, adquiriu novas fronteiras que incluíam a Galícia, Poznânia e Volínia.

A guerra e a independência deixaram a Polônia em estado caótico: as indústrias estavam se deteriorando, metade da parte produtiva do país encontrava-se estagnada e a inflação aumentava constantemente, mais do que no período da guerra. Korczak também sentiu os impactos desse período e já não possuía dinheiro para manter o orfanato. A fome e o frio ameaçavam suas crianças, e os programas de auxílio americanos que distribuíam comida e tecidos não eram suficientes. No entanto, às vezes recebiam doações, o que amenizava a lamentável situação.

Ainda em 1919, o país enfrentava explosões operárias em várias cidade; Pilsudski intensificava suas forças armadas na tentativa de reconquistar alguns territórios que neste momento estavam sob domínio dos russos, o que culminou na guerra entre Polônia e Rússia neste mesmo ano. Korczak foi chamado novamente para a guerra, mas desta vez para servir o exército polonês. Trabalhou em um hospital de doenças infecciosas em Lodz, e pouco depois conseguiu transferência para outra instituição na cidade de Varsóvia.

No verão de 1920, o exército russo recuperou Kiev, que havia sido tomada pelos poloneses, e no mês de maio cercou o subúrbio de Varsóvia. Em agosto, os bolcheviques cercaram a cidade, mas Pilsudski conseguiu impedi-los, fazendo-os recuar. Assim, a Polônia estava salva, o que gerou grande desespero no KPP,[46] que havia apostado tudo na solidariedade a Lenin e ao PC da URSS.[47] "Com essa perseguição aos comunistas poloneses, os judeus também acabaram submetidos em função de sua antiga simpatia pela Rússia."[48] Neste período, Korczak mudou-se para um cômodo do orfanato, aflito com essa situação e em profundo luto pela perda de sua mãe devido ao tifo – como vimos antes.

Borger comenta que em 1921 o primeiro censo da Polônia registrou o número de 2,8 milhões de judeus distribuídos por todo o território, o que representava 10,4% do total da população polonesa.[49] Tanto o Tratado de Versalhes como a Constituição polonesa proibiam todo e qualquer tipo de discriminação às minorias, mesmo assim, o antissemitismo estava enraizado em boa parte da Polônia.

A situação tornava-se cada vez mais crítica. Em 1926, Pilsudski liderou um golpe de Estado e fechou o Parlamento, levando o país a um regime fascista. Consequentemente, o índice de desemprego chegou a atingir 25% da população em 1929. Na Alemanha, por volta de 1923, houve uma grande desvalorização da moeda, e com a quebra da bolsa de valores de Nova York, em 1929, o índice de desemprego dobrou. Em 1932, Hitler coligou-se a Hindenburg e concorreram à presidência do país. Ele obteve apoio de 13 milhões de eleitores que compactuavam com suas ideias espalhafatosas de que as desgraças sofridas pelos alemães diante da situação caótica do país advinham das iniquidades do Tratado de Versalhes e da conspiração internacional de comunistas judeus.

A partir de 1933 "ecos da política antissemita ressoavam por toda a Europa Oriental".[50] Neste mesmo ano todos os partidos alemães foram dissolvidos, restando apenas o nazista. Logo que o Parlamento foi fechado, criou-se o primeiro campo de concentração em Dachau, destinado a presos políticos. No ano seguinte, Hitler se tornou o líder da Alemanha.

> Entre 1933 e 1939, quando foi iniciada a Segunda Guerra Mundial pela Alemanha, a política oficial do nazismo era excluir radicalmente os judeus da vida econômica, social e cultural alemã e forçar a sua expulsão do país. Para isso, cerca de 400 leis e decretos antijudaicos foram impostos. Além do serviço público, os judeus foram excluídos das profissões liberais, das artes, do cinema, rádio, teatro, das escolas, universidades, dos esportes, das organizações culturais e profissionais e cargos de direção em empresas.[51]

Os judeus não foram os únicos a sofrerem as perseguições nazistas; os alemães tinham a intenção de eliminar toda e qualquer pessoa que apresentasse o que eles julgavam ser "anormalidades". Assim, ciganos foram presos, esterilizaram doentes mentais e epiléticos considerados como "doentes incuráveis", criaram também leis que proibiam o casamento entre arianos e judeus.[52]

Conforme Hitler avançava com sua expansão territorial, suas leis eram impostas nos países ocupados. Com o agravamento do pensamento e ideais antijudeus, vimos anteriormente que em 1935 Korczak foi afastado das atividades que exercia frequentemente, "dentre elas, do auxílio na direção de um orfanato cristão,[53] de seu programa de rádio e do cargo de conselheiro da Corte Juvenil de Varsóvia".[54]

De acordo com Szpickowski e Marangon, durante a década de 1930, Korczak viajou à Palestina e ficou impressionado com o respeito dedicado às crianças no orfanato. Em decorrência do crescimento do nazismo na Polônia, ele planejou transferir o orfanato para lá. No entanto, um dia após a invasão alemã, em setembro de 1939, recebeu o aviso de corte da comunicação entre a Polônia e a Palestina: eles estavam presos em Varsóvia.

A invasão alemã deixou a Polônia desestruturada. Os alemães atacaram primeiro os subúrbios de Varsóvia esperando por uma rápida rendição, entretanto, não foi assim que aconteceu: a cidade resistiu durante três semanas. Os nazistas enfrentaram um povo que já estava acostumado com a luta para manter suas tradições frente às invasões vizinhas, esforçados para assegurar a defesa sem se render. Na Polônia, esse processo de perseguição aos judeus foi mais rápido e muito violento; eles sofreram humilhações, violências e milhares deles morreram.

> Sob o comando nazista, a Polônia encontrava-se em estado caótico. A capital, Varsóvia, estava praticamente destruída. Muitos poloneses cristãos foram expedidos em navios, como mão de obra, para a Alemanha. A política antissemita intensificava-se constantemente e as lojas e fábricas judias foram apropriadas ou estavam fechadas e destruídas. Era cada vez mais difícil conseguir remédios e comida. A Associação de Ajuda aos Órfãos sugeriu que Korczak entregasse suas crianças aos pais[55] para que se responsabilizassem por elas nesses dias difíceis, mas ele recusou-se. Nessa época, o orfanato abrigava 150 crianças.[56]

Os alemães criaram em cada país ocupado um Conselho Judaico que intermediava as relações entre nazistas e judeus. O presidente do Conselho polonês era Adam Czerniakow, a quem Korczak recorreu diversas vezes, pois sabia que ele era um homem que se preocupava com o bem-estar das crianças.

Em 1940 foi delimitada a área do que ficou conhecida como o Gueto de Varsóvia. O orfanato da rua Krochmalna estava do lado ariano da cidade e por isso precisou ser evacuado. Korczak, Stefa, funcionários e crianças foram transferidos para um local no gueto com cômodos apertados, sujos, bem diferente do orfanato confortável, espaçoso e aconchegante a que estavam acostumados.

Segundo Marangon, a vida no gueto tornava-se cada dia mais complicada. Era possível sobreviver de três formas: trabalhar nas fábricas de armamentos para o Exército alemão, trabalhar em instituições judias ou arriscar a vida ao sair em busca de alimentos ilegalmente. A princípio era apenas trabalho forçado, depois, tiveram início os assassinatos, pilhas de corpos decompondo-se nas ruas e a fome se agravava – as porções de comida destinadas ao gueto diminuíam a cada dia.

O ano de 1942 foi fatídico: os alemães implementaram os campos de extermínio criados única e exclusivamente para eliminar os judeus. Na maioria deles foram construídas câmaras que emitiam monóxido de carbono e asfixiavam as vítimas. Como vimos anteriormente, no dia 5 de agosto de 1942, Janusz Korczak acompanhou as 200 crianças do orfanato aos trens de gado[57] que os levaram até o campo de extermínio na cidade de Treblinka. Esta última caminhada até os vagões com suas crianças foi descrita por diversos estudiosos que escreveram sobre sua vida. Ele caminhou à frente das crianças que o seguiram em fila, em seu colo estavam duas crianças magras e fracas impossibilitadas de caminhar. Esta cena é apresentada no filme *As duzentas crianças do dr. Korczak*,[58] que remonta os últimos anos de vida de Korczak e das duzentas crianças em seu orfanato.

Um funcionário do Conselho Judaico chamado Remba tentou intervir em favor de Korczak, chamando-o para acompanhá-lo até o órgão competente onde ele, talvez, pudesse requerer clemência em virtude de seu renome internacional. Korczak, no entanto, recusou-se, pois não queria deixar as crianças sozinhas naquele lugar terrível. Ele considerava que elas poderiam entrar em pânico longe de sua presença, além do risco de que pudessem ser levadas em sua ausência.[59] Não considerou nenhuma hipótese de liberdade caso esta não incluísse todas as crianças.

Em outubro de 1942 foi criada a Organização Combatente Judaica, quando restaram cerca de setenta mil pessoas no gueto. Em abril de 1943 aconteceu o primeiro levante armado da Europa: a revolta do gueto de Varsóvia. Nesse período, 280 mil judeus já haviam sido deportados para os campos de extermínio. A revolta teve seu fim quatro semanas após seu início, deixando o gueto totalmente destruído.

Após o fim da Segunda Guerra Mundial, vários monumentos foram erguidos em homenagem a Janusz Korczak, que fora reconhecido como um grande médico, educador e, principalmente, defensor das crianças. Criaram-se também Associações em diversos países com o intuito de disseminar seu nome, suas experiências teóricas e práticas e, especialmente, fazer conhecer e valer seu maior objetivo: defender as crianças das injustiças do mundo. No Brasil, a Associação Janusz Korczak foi fundada em São Paulo no dia 10 de abril de 1984.

O orfanato da rua Krochmalna em Varsóvia foi reformado e transformado no Museu Janusz Korczak. Ben Abraham afirma que existem escolas, creches, salas de cultura e hospitais que receberam seu nome.[60] Nesses espaços suas ideias se mantêm vivas no sistema de educação.

NOTAS

[1] As informações e reflexões presentes neste capítulo, bem como nas demais partes deste livro, foram baseadas sobretudo nos trabalhos desenvolvidos por Wassertzug (1983), Marangon (2007), Sarue (2011), Szpickowski (2008; 2013) e Almeida (2018), que trazem aspectos significativos da obra e da vida de Korczak.

[2] Z. Wassertzug, *Janusz Korczak mestre e mártir*, São Paulo, Summus, 1983.

[3] A. C. R. Marangon, *Janusz Korczak, precursor dos direitos da criança: uma vida entre obras*, São Paulo, Unesp, 2007, p. 49.

[4] J. Korczak, *Diário do gueto*, São Paulo, Perspectiva, 1986, pp. 12-3.

[5] S. M. Sarue, *Janusz Korczak diante do sionismo*, dissertação (mestrado em Letras) – Faculdade de Filosofia, Letras e Ciências Humanas, Universidade de São Paulo, São Paulo, 2011, p. 25.

[6] J. Korczak, *Diário do gueto*, São Paulo, Perspectiva, 1986, p. 103.

[7] Na condição de viúva, sua mãe conseguiu uma licença do conselho de educação para que Henryk pudesse trabalhar como tutor de crianças em seus lares, conforme salienta Sarue (2011).

[8] A. C. R. Marangon, *Janusz Korczak, precursor dos direitos da criança: uma vida entre obras*, São Paulo, Unesp, 2007, p. 55.

[9] S. M. Sarue, *Janusz Korczak diante do sionismo*, dissertação (mestrado em Letras) – Faculdade de Filosofia, Letras e Ciências Humanas, Universidade de São Paulo, São Paulo, 2011, p. 28.

[10] Segundo Marangon (2007), quando Henryk estava prestes a entregar sua peça para o concurso, ele ainda não havia decidido com qual nome se inscrever. Então, notou um livro na mesa cujo protagonista era chamado Janasz Korczak. Devido a um erro de escrita por parte dos responsáveis pelo concurso, a autoria da peça foi atribuída a Janusz Korczak. Sarue (2011) nos fornece mais informações sobre esse incidente, relatando que o livro que Henryk viu na mesa era o mesmo que ele havia ganhado de presente de seu tio Jakub Goldzmit alguns anos antes.

[11] S. M. Sarue, *Janusz Korczak diante do sionismo*, dissertação (mestrado em Letras) – Faculdade de Filosofia, Letras e Ciências Humanas, Universidade de São Paulo, São Paulo, 2011, pp. 28-9.

[12] Idem, p. 30.

[13] Idem, p. 32.

[14] Com base no estudo de Marangon (2007), neste período a Polônia buscava independência da dominação russa, e isso gerou grandes conflitos agravando a repressão do czar russo, pois sua intenção era dar continuidade na dominação da Polônia.

[15] J. Korczak, *Diário do gueto*, São Paulo, Perspectiva, 1986, p. 103, p. 71.

[16] S. M. Sarue, *Janusz Korczak diante do sionismo*, dissertação (mestrado em Letras) – Faculdade de Filosofia, Letras e Ciências Humanas, Universidade de São Paulo, São Paulo, 2011, p. 36.

[17] Marangon (2007) destaca que no ano de 1916 houve uma grande epidemia de tifo, que levou à morte muitas pessoas, inclusive da garota Esterka, a quem Stefa e Korczak tinham como filha. Ela auxiliou Stefa durante os dois primeiros anos da guerra nos trabalhos do orfanato antes ser contaminada e morta pelo tifo.

[18] Durante a Conferência de Versalhes, em 1919, os Aliados reuniram-se para traçar o novo mapa da Europa. Então, com a assinatura do Tratado de Versalhes o território polonês foi diminuído. Perderam-se Pomerânia e Silésia; no entanto, a independência foi alcançada.

[19] Sarue (2011) comenta que o primeiro chefe de Estado, Joseph Pilsudski, convocou o recrutamento nacional para a criação de um exército forte em um país estreitado entre as forças russas e alemãs, aliando-se aos ucranianos e lituanos a fim de formar uma comunidade federativa polono-soviética e assim solidificar a posição da Polônia. Em abril, Pilsudski iniciou a guerra enviando suas tropas para recapturar a Lituânia, Minsk e outras cidades que se encontravam sob o domínio soviético.

[20] S. M. Sarue, *Janusz Korczak diante do sionismo*, dissertação (mestrado em Letras) – Faculdade de Filosofia, Letras e Ciências Humanas, Universidade de São Paulo, São Paulo, 2011, p. 43.

[21] Idem, p. 46.

[22] Idem.

[23] J. Arnon, *Quem foi Janusz Korczak?*, São Paulo, Perspectiva, 2005, p. 60.

[24] De acordo com Sarue (2011), isso teria sido possível devido ao seu renome internacional.

[25] Z. Wassertzug, *Janusz Korczak mestre e mártir*, São Paulo, Summus, 1983, p. 35.

[26] De acordo com Marangon (2007), quando o orfanato foi transferido para o gueto, sob a direção de Korczak, havia 150 crianças. Porém, com as recorrentes execuções dos judeus, muitas perambulavam perdidas e assustadas pelas ruas. Korczak recolhia-as e as levava para o abrigo consigo. Por esse motivo, quando foi deportado para Treblinka, acompanhou duzentas crianças.

JANUSZ KORCZAK

[27] "Termo cunhado no final do século XIX para se referir às posturas e atividades antijudaicas. Seu significado atual refere-se a formas de preconceito contra os judeus desde a era pré-cristã até a moderna perseguição política. A natureza do preconceito antissemita varia conforme o período, por exemplo, na era pré-cristã era em parte nacionalista, pois os judeus não podiam se assimilar a outras culturas; era também em parte escárnio de cunho religioso, já que os judeus serviam a um Deus invisível; e igualmente em parte econômica, pois competiam em negócios com seus vizinhos gentios. O cristianismo também introduziu a ideia de que os judeus praticavam o deicídio, uma identificação deles com o demônio. Com a política liberal do Iluminismo no século XVIII, começou a surgir uma atitude mais positiva em relação ao judaísmo, mas que foi derrubada devido a um renovado nacionalismo europeu que alienou o povo judeu e levou ao surgimento de obras antissemitas, como *Os protocolos dos sábios de Sion*. Racistas e fascistas usaram o antissemitismo cristão para fins políticos, o que resultou na tentativa nazista de resolver a 'questão judaica' com o genocídio." A. Unterman (1994) apud S. M. Sarue, *Janusz Korczak diante do sionismo*, dissertação (mestrado em Letras) – Faculdade de Filosofia, Letras e Ciências Humanas, Universidade de São Paulo, São Paulo, 2011, p. 40.

[28] Segundo Lifton apud A. C. R. Marangon, *Janusz Korczak, precursor dos direitos da criança: uma vida entre obras*, São Paulo, Unesp, 2007, p. 44. A autora ainda comenta que um polonês católico era considerado um polonês, já um polonês judeu era considerado apenas judeu.

[29] A. C. R. Marangon, *Janusz Korczak, precursor dos direitos da criança: uma vida entre obras*, São Paulo, Unesp, 2007, p. 45.

[30] Pedagogo judeu, educador da Casa da Juventude da Congregação Israelita do Estado de São Paulo.

[31] A. C. R. Marangon, *Janusz Korczak, precursor dos direitos da criança: uma vida entre obras*, São Paulo, Unesp, 2007, pp. 45-6.

[32] Apud A. C. R. Marangon, *Janusz Korczak, precursor dos direitos da criança: uma vida entre obras*, São Paulo, Unesp, 2007, p. 46.

[33] Língua utilizada pelos judeus para comunicação escrita e oral. O ídiche resulta da fusão entre o hebraico, o alemão medieval e línguas eslavas. Esta língua entrou em declínio devido à secularização do judaísmo e à adoção das línguas dos países onde os judeus habitavam, conforme explica Marangon (2007).

[34] A. C. R. Marangon, *Janusz Korczak, precursor dos direitos da criança: uma vida entre obras*, São Paulo, Unesp, 2007, p. 46.

[35] Idem, p. 47.

[36] C. Castilho e W. Waack, *Polônia: os 500 dias que abalaram o socialismo*, Rio de Janeiro, Codecri, 1982, p. 12.

[37] H. Singer, *República de crianças: uma investigação sobre experiências escolares de resistência*, São Paulo, Hucitec/Fapesp, 1997.

[38] Sionismo, comenta Marangon (2007), é o movimento internacional judeu que resultou na formação do Estado de Israel em 1948.

[39] A. C. R. Marangon, *Janusz Korczak, precursor dos direitos da criança: uma vida entre obras*, São Paulo, Unesp, 2007, p. 52.

[40] Apud A. C. R. Marangon, *Janusz Korczak, precursor dos direitos da criança: uma vida entre obras*, São Paulo, Unesp, 2007, p. 56.

[41] Neste período, a Polônia ainda estava sob domínio da Rússia, por esse motivo é que Henryk foi recrutado pelo Exército Imperial Russo.

[42] Conforme acentua Lifton apud A. C. R. Marangon, *Janusz Korczak, precursor dos direitos da criança: uma vida entre obras*, São Paulo, Unesp, 2007, p. 61.

[43] J. Korczak, *Diário do gueto*, São Paulo, Perspectiva, 1986, p. 68.

[44] C. Castilho e W. Waack, *Polônia: os 500 dias que abalaram o socialismo*, Rio de Janeiro, Codecri, p. 13.

[45] Dadas as circunstâncias, como observa Marangon (2007), foram os socialistas e os comunistas poloneses radicais que proclamaram o entendimento russo-polonês. Ao mesmo tempo, o PPS (liderado por Pilsudski) mantém-se determinado na luta contra os russos. Em decorrência disso, a sociedade polonesa divide-se em dois grupos: de um lado socialistas e comunistas, que apoiam os bolcheviques, e de outro Pilsudski, que lidera um movimento contra eles.

[46] Partido Comunista Polonês.

[47] Partido Comunista da União das Repúblicas Socialistas Soviéticas.

[48] A. C. R. Marangon, *Janusz Korczak, precursor dos direitos da criança: uma vida entre obras*, São Paulo, Unesp, 2007, p. 77.

[49] Apud S. M. Sarue, *Janusz Korczak diante do sionismo*, dissertação (mestrado em Letras) – Faculdade de Filosofia, Letras e Ciências Humanas, Universidade de São Paulo, São Paulo, 2011, p. 41.

[50] S. M. Sarue, *Janusz Korczak diante do sionismo*, dissertação (mestrado em Letras) – Faculdade de Filosofia, Letras e Ciências Humanas, Universidade de São Paulo, São Paulo, 2011, p. 42.

[51] R. Cytrynowicz, *Memória de barbárie: a história do genocídio dos judeus na Segunda Guerra Mundial*, São Paulo, Nova Estella, Edusp, 1990, p. 19.

[52] Foram considerados judeus, segundo Cytrynowicz (1990), aqueles que tinham pelo menos dois avós judeus.

[53] Em 1919, o ministro da Educação lhe ofereceu a direção de um orfanato em Pruszkow, mas ele rejeitou indicando uma amiga que julgava competente para assumir o cargo. Mesmo assim, ofereceu-lhe todo o apoio necessário ajudando diretamente quando lhe fosse solicitado auxílio, como relata Marangon (2007).

[54] A. C. R. Marangon, *Janusz Korczak, precursor dos direitos da criança: uma vida entre obras*, São Paulo, Unesp, 2007, p. 80.

[55] Segundo Marangon (2007), a maioria das crianças eram filhas de pais muito pobres e os visitavam semanalmente. Os demais eram realmente órfãos.

[56] A. C. R. Marangon, *Janusz Korczak, precursor dos direitos da criança: uma vida entre obras*, São Paulo, Unesp, 2007, p. 82.

[57] Marangon (2007) informa que os trens transportavam entre seis mil e dez mil pessoas por dia.

[58] O título original é *Korczak*, lançado em 1990 e dirigido por Andrzej Wajda.

[59] Lifton apud A. C. R. Marangon, *Janusz Korczak, precursor dos direitos da criança: uma vida entre obras*, São Paulo, Unesp, 2007, p. 85.

[60] B. Abraham, *Janusz Korczak: coletânea de pensamentos*, São Paulo, Associação Janusz Korczak do Brasil, 1986, p. 32.

A VISÃO DE CRIANÇA
EM KORCZAK

Este capítulo aborda questões acerca da concepção de criança segundo Janusz Korczak a partir de suas obras *Como amar uma criança* e *Quando eu voltar a ser criança*, bem como dos trabalhos de Marangon (2007) e Wassertzug (1983).

O profundo amor e respeito que Korczak tinha para com as crianças tornaram-no reconhecido como um grande educador, dotado de imensa capacidade de compreensão sobre a alma infantil, fazendo dele um amigo, pai e protetor das crianças. Seus escritos levam-nos a compreender a infância como uma fase da vida tão importante como qualquer outra, diferente de um entendimento de um período de desenvolvimento que tem por objetivo uma preparação para a vida adulta. Para o autor, a criança deve ser reconhecida pelo que é, e não pelo que virá a ser. É preciso respeitar e compreender a criança segundo o seu próprio referencial, e não o nosso, de adultos, como comumente tendemos a fazer. Ela é um sujeito completo que deve ser amado e respeitado como criança, não pensando no adulto que um dia ela será.

COMO AMAR UMA CRIANÇA:
UM TRATADO QUE RECONHECE O DIREITO DA CRIANÇA AO AMOR, AO RESPEITO E À COMPREENSÃO

Nesta obra de quatro partes, sensível e perspicaz, Korczak relata sobre suas vivências e sentimentos para com as crianças. Suas experiências como médico e educador (no orfanato e na colônia de férias) inspiraram a sua visão acerca da criança e da educação.

POR UMA EDUCAÇÃO TRANSFORMADORA

Na primeira, intitulada "A criança na sua família", o autor fala a respeito da integração da criança na família aconselhando os pais, mas na maioria das vezes especificamente as mães, sobre aspectos importantes como a amamentação, o crescimento da dentição, os primeiros passos, o início da fala, as necessidades do bebê, enfim, tudo o que ele julga essencial que uma mãe e um pai saibam para educar bem seu filho.

A segunda parte é dedicada ao internato e recebe este mesmo título. Aqui, ele escreve suas considerações em relação à convivência com as crianças internas, fala dos desafios enfrentados pelos educadores e por ele mesmo nesta mesma condição, além do quanto é preciso ter força de vontade, amor e respeito às crianças para dar continuidade ao seu trabalho. Ao mesmo tempo, aconselha os educadores que despertem seu olhar sensível à compreensão da criança e do mundo infantil. É ainda nessa parte da obra que define a criança em suas múltiplas faces.

Já na terceira parte, "Colônia de férias", Korczak compartilha suas aprendizagens adquiridas nesse período, pensando no lugar social ocupado pela colônia de férias. Ele descreve desde o momento da partida com trinta crianças, detalhando conflitos e contratempos durante o trajeto (como uma forma de advertir para que numa próxima ocasião esses problemas sejam amenizados), até momentos rotineiros na colônia, sempre alertando sobre como tratar a criança nas mais diversas circunstâncias.

A quarta e última parte, "A Casa do Órfão", trata justamente deste local, explicitando aspectos importantes desde a estrutura arquitetônica que deve se adequar às crianças até o funcionamento do lar. Korczak nos conta sobre o jornal, o tribunal, o Parlamento e a autogestão.

> Ora poetiza, ora faz parábolas, ora conta histórias belas e tristes, divertidas e comoventes... E sempre se pergunta e se repergunta e nos faz (leitor) pensar em encontrar uma resposta ou se deliciar com um achado seu, mas sempre exigindo que se pense... Faz uma síntese linda entre as duas caminhadas: a de médico e a de educador.[1]

Korczak refere-se às mães utilizando uma linguagem casual e aconselha-as a atentar-se às necessidades de seu filho. No entanto, ele não está se referindo aqui às necessidades fisiológicas e/ou em relação à saúde, ele pretende que as mães se desprendam um pouco da ciência dos médicos e observem seu filho a fim de que verdadeiramente o conheçam, buscando

40

refletir e compreender o que ocorre com a criança. Como médico, ele não está descartando a importância dos cuidados que os pais devem ter com tudo aquilo que envolva a saúde dos filhos, mas alertava para um outro olhar atento e observador para com a criança e que, por vezes, faltava aos pais. Na primeira parte de sua obra, Korczak cita uma ocasião em que uma mãe o procura dizendo não haver nada grave com seu filho, mas gostaria que a criança fosse examinada. Ele afirma estar tudo bem com o menino e despede-se deles. Entretanto, na manhã seguinte a mãe retorna:

> Doutor, ele está com febre.
> A mãe soube ver o que eu não vira durante o exame de rotina.
> Debruçada durante horas sobre o berço teve tempo de observar bem a criança, mas, diletante, ela não tem confiança em si, não ousa confiar ao médico suas observações que acha que são muito sutis.
> A mãe tinha reparado que, sem estar completamente rouca, a voz do seu filho parecia um pouco velada; balbuciava menos, mais fraco do que habitualmente; estremeceu mais vezes enquanto dormia do que nos outros dias; quando acordou, seu riso foi menos forte; enquanto mamava, parecia distraído, parava de chupar e essas pausas pareciam enfim um pouco longas; e depois, esta careta, tinha sido uma impressão? Por que ele jogou para longe e com raiva o seu brinquedo preferido?
> Por cem sinais que seus olhos, ouvidos, o bico do seio perceberam, em cem miniqueixas, seu filho lhe disse:
> – Hoje não estou bem.
> Mas ela não ousou acreditar nesses sinais porque, nos livros que lhe tinham dado para ler, os autores não falavam desses sintomas.[2]

Muitas vezes, a mãe conhece bem seu filho, suas atitudes, costumes, comportamentos, sendo capaz de identificar, tanto quanto os médicos, quaisquer mínimas alterações nele, mas escapa-lhe compreender verdadeiramente a criança que ela é e por que age de determinada maneira. É sobre esse conhecimento intuitivo e olhar observador que Korczak faz seu alerta.

São muitos os conselhos e recomendações que ele dirige, às mães principalmente, na primeira parte do livro. No entanto, reconhece a singularidade de cada criança e que apenas um profundo conhecimento e compreensão dela poderá auxiliá-lo a atender qualquer demanda que a criança apresente. Ele critica as "fórmulas prontas", afirmando que isso "embotou o nosso olhar e tornou preguiçoso o nosso pensamento. Com a força de buscar a experiência alheia e procurar resultados da opinião dos outros, perdemos a confiança em nós mesmos a ponto de recusarmo-nos o direito de ter alguma opinião".[3]

Para ele, a criança está em constante mudança. A mãe, que é perspicaz, percebe-as, mas não as compreende; no entanto, sempre tem a que atribuí-las. "Ele está assim desde que nasceram seus primeiros dentes; desde que tomou a vacina antivariólica; depois que parou de mamar no peito, desde que caiu da cama..."[4] As mudanças são físicas: seu tamanho e peso aumentam, entretanto, este último pode também diminuir, a pele pode parecer flácida e a cabeça menor em relação aos ombros, que se alargam à medida que a criança se desenvolve. Em relação às alterações físicas, Korczak diz que a criança é um organismo em pleno desenvolvimento que muda suas proporções quando cresce. As mudanças também se manifestam no comportamento: ela não quer comer e seu sono está perturbado, já não é mais obediente e faz o que bem entende, parece preguiçosa e distraída. E tais alterações de comportamento podem decorrer dos vários períodos críticos pelos quais a criança passa, como por exemplo, a puberdade. De qualquer forma, percebe-se o posicionamento do educador em não determinar como verdade absoluta essa ou aquela mudança que a criança possa vir a sentir: é preciso conhecê-la e compreender suas razões.

> Talvez no futuro não mais nos apoiaremos em sinais exteriores do desenvolvimento do ser humano que fazem com que dividamos a vida em ciclos artificiais: recém-nascido, criança, adolescente, adulto, velho, para nos obrigar a conhecer melhor os períodos de transformações profundas do organismo considerado como um todo [...].[5]

Korczak enfatiza a criança como um ser completo, recusando a ideia de um vir a ser: ela já o é no presente e critica a tendência que o adulto tem de subestimar o que hoje são suas alegrias, tristezas, paixões e aborrecimentos em nome de um futuro hipotético. A criança tem direito ao respeito e reconhecimento pelo que é no tempo presente. O educador polonês adverte que, ao seguir essa lógica, a criança pensará que só será alguém quando atingir a maioridade, deixando um alerta: "Uma tal atitude engendra uma espera eterna: quando, enfim, este amanhã tão esperado chega, nós já estaremos pensando em outro amanhã. Desta maneira, a criança não é, mas será; não sabe, mas saberá; não pode, mas poderá".[6] E acrescenta:

Sem dúvida, as crianças são diferentes dos adultos: há coisas que faltam em sua vida, mas elas têm outras que nos faltam a nós. Isto não impede que esta vida, tão diferente da do adulto, seja bem real, nada tem de uma quimera. Que fizemos para conhecê-la, para criar condições favoráveis a sua existência, para sua maturação?[7]

Essa dimensão de amor e respeito pela criança percorre por toda sua obra. Korczak declara que a criança tem o direito de querer, reclamar, exigir e também "progredir" quando atingir a maturidade. No entanto, ele nos mostra que geralmente são exigidas das crianças atitudes que contradizem a realidade em que vivem: "Você gostaria que as crianças o amassem, entretanto é preciso fazê-las obedecer às leis estritas e sufocantes da vida contemporânea, à hipocrisia e à violência dos nossos dias".[8]

Por vezes o adulto a obriga a executar uma tarefa que lhe foi imposta e isso gera recusa e revolta na criança e, assim, seria "natural" que ela não gostasse dele. A criança está inserida em um contexto contraditório em relação ao que se espera dela, e um exemplo disso é quando se deseja que ela seja franca, mas "os hábitos das pessoas estão impregnados de falsidade e a franqueza é considerada insolência".[9] E embora ele reconheça os desafios a serem enfrentados, recomenda o bom ânimo, pois todos somos obrigados a enfrentar as dificuldades e sempre há maneiras de resolvê-las.

Korczak reconhecia verdadeiramente a criança: ela não era apenas sinônimo de bondade, honestidade e pureza. Como qualquer outro ser humano, ela também tem desejos, vontades, mágoas, amores, ódios, paixões, sonhos, frustrações. Seu profundo conhecimento acerca da criança possibilitou-lhe descrever seus defeitos, suas qualidades, seus desejos, suas frustrações. Sua busca por tal compreensão reconhece suas singularidades e peculiaridades: "As crianças mentem [...]. Mentem por medo, mas, também, quando sabem que não há perigo de serem descobertas. Mentem por pudor, mas, também, quando você quer obrigá-las a dizer o que não querem ou não pode",[10] e aconselha que em vez de se aborrecer com a mentira é melhor investigar o motivo pelo qual a criança mentiu.

Ele ainda relata que "se pode aprender muito com as crianças, que elas também têm – e têm o direito de ter – suas exigências, suas condições e também suas objeções".[11] De acordo com Marangon,

Essa dimensão humana de amar a criança referia-se, portanto, a respeitá-la enquanto ser, em não se sobrepor a ela por ser maior, mais forte, mais velho; referia-se a limitar a ação do educador mediante o direito que a criança possuía de ser ouvida, de ter sua vontade e necessidades respeitadas, e não massacradas pela simples satisfação adulta.[12]

Para Korczak, enquanto um "educador teórico" classifica as crianças conforme seu temperamento, faculdades intelectuais, gostos e disposições, um "educador experimentado" as categoriza como "fáceis" ou "difíceis", além de "médias" quando não precisam de acompanhamento, e "excepcionais" quando necessitam de muitos cuidados e observações. Em sua descrição aponta diversos contextos que demonstram seu olhar observador minucioso e compreensível da criança "real": a que se irrita com as normas, a que adoece, a que realiza as tarefas com lentidão, a que fala o tempo todo, a que é arrogante, a que é travessa.

> A criança exausta que se revolta contra o rigor do internato e se sente humilhada com a disciplina do dormitório, do refeitório, da capela, dos jogos e dos passeios...
> A criança sofrendo de otite aguda, de um abscesso, de um panarício, de uma conjuntivite, de dor de cabeça, com tosse...
> A criança que se arrasta para se vestir, se lavar, se pentear; que come lentamente. Sua cama e sua toalha são as últimas que são arrumadas; sempre demora para pôr seu prato e seu copo; atrasa a arrumação do dormitório, impede, pela sua lentidão em comer, que tirem a mesa e que os pratos sejam levados logo para a cozinha.
> A criança que procura você de dois em dois minutos para fazer uma pergunta, se queixa de alguma coisa; [...] nunca sabe nada e sempre precisa de alguma coisa; tem sempre algo a dizer a você...
> A criança caprichosa que responde com arrogância, que ofende os empregados, que briga, bate, joga pedra; que rasga e quebra coisas intencionalmente; que sempre diz que não quer...
> A criança muito sensível, impressionável, que se sente ferida com a menor observação, com um olhar severo e para quem a fria indiferença dói como se fosse algo terrível...
> O maroto alegre que entope o seu banheiro com pedregulhos, que se balança no trinco da porta, abre as torneiras, tranca a pequena lareira, desparafusa a campainha, rabisca a parede com lápis azul, traça letras na madeira da mesa; um diabólico inventor de travessuras, completamente irresponsável...[13]

Acerca das crianças, Korczak ainda observa que: "Todos roubam seu tempo. Abusam de sua paciência, tiranizam a sua consciência. Você luta contra eles, mas sabe que na realidade não têm culpa de serem assim".[14]

Isso não significa, no entanto, deixá-las por conta própria. Respeitar a criança não quer dizer autorizá-la a fazer o que deseja. A vida em sociedade exige certos limites e, portanto, uma boa educação e convivência da criança nesse espaço social necessita que ela reconheça e respeite tais limites:

> – Eu não quero.
> Não quer ir dormir, apesar de já ter soado a hora de recolher, porque a noite está perfumada, ou porque um pedaço do céu estrelado parece estar brilhando para ela. Não quer ir à escola porque caiu a primeira neve durante a noite e lá fora está tão alegre que não quer se trancar em numa sala de aula. Não quer se levantar porque está fazendo frio e tudo parece tão triste... Prefere acabar o jogo de bola e ficar sem almoçar. Não, eu não pedirei desculpas para a professora, porque ela me puniu injustamente... Não posso fazer meus deveres porque li Robinson Crusoe e estou com a cabeça cheia de aventuras... Não porei minhas calças curtas porque os outros vão rir de mim.
> – Você deve!...
> [...]
> – Estude! Respeite! Acredite no que lhe dizem!
> – Eu não quero! – a criança insurge do fundo da alma.
> Você se obriga a insistir porque o homem contemporâneo não vive na floresta, mas em sociedade.
> E você deve insistir, caso contrário, será anarquia.[15]

A criança nem sempre reagirá como o adulto espera: este sorri para ela, mas não recebe um sorriso de volta, conta uma história, mas ela não se mostra interessada, espera ver em seu rosto uma expressão de arrependimento quando se zanga com ela. "Quer dizer, para cada uma das suas ações (estímulos), você espera uma reação que pareça normal. Mas, às vezes, a criança reage paradoxalmente e você se espanta e se revolta. Tem razão de fazer perguntas, mas erra se fica indignado."[16] Assim, recomenda discernimento por parte do educador, para que compreenda as razões que geraram tal atitude na criança, para que não aja injustamente com ela.

As crianças têm segredos. Imersas em seu mundo infantil, elas fantasiam, imaginam sobre os mais diversos assuntos, inundando sua mente com suas confidências. O adulto tende a forçá-la a compartilhar seus segredos, mas ela resiste. Korczak ressalta para o adulto não se aborrecer caso a criança deseje manter o segredo, ela tem suas razões. Na maioria das vezes esses segredos consistem em pensamentos e desejos íntimos que ela não quer ou não pode revelar a ninguém. Para ele, é preciso respeitar os segredos da criança e o direito de tê-los e guardá-los dos adultos, que devem ficar contentes se ela, por vontade própria, vier lhe confiá-los. Esta é a maior prova de confiança que a criança poderá dar ao adulto.

> Faça com que cada um dos seus "você quer me contar?" não signifique nunca "é preciso que você me conte". Ao seu "por que?" a criança não responderá com subterfúgios, mas com franqueza:
> – Eu não posso dizer, eu o direi um dia, ou não direi nunca.[17]

Korczak afirma que as crianças têm necessidade de rir, correr e fazer tudo aquilo que é pertinente ao mundo infantil. Aconselha aos educadores a oferecer-lhes "sorrisos de indulgência" e proporcionar-lhes possibilidades e situações que permitam-nas viver realmente como crianças.

O autoritarismo do adulto é bastante criticado por Korczak. Ele fala das imposições daquele sobre a criança, desde autoritárias exigências por disciplina até os castigos. O castigo não se limita apenas aos maus-tratos físicos infringidos sobre a criança, mas a tudo que venha reprimir, ofender e impor a vontade do adulto, e isso é o que denota o autoritarismo.[18]

Korczak lembra que em muitas escolas já não há mais milho onde se ajoelhar, puxões de orelhas, réguas e palmadas para corrigir o aluno ou ainda deixá-lo no canto da sala assistindo à aula sozinho. No entanto, ainda há outras formas de privar a liberdade de nossos alunos: proibir as brincadeiras durante o intervalo para o lanche, impedir conversas com os amigos, ameaçar-lhes com repreensões e advertências e expô-los na frente de outras crianças – todas seriam formas de castigos, ainda que em nome de uma ordem ameaçada.

> Mudar a forma de uma punição, ou atenuá-la, não significa que você não a empregue. Que um castigo seja severo, pequeno ou apenas simbólico, as crianças sempre o temem. Você sabe disso e seu raciocínio é esse: se as crianças têm medo, a disciplina está salva.
> Pode-se fustigar a sensibilidade, o amor-próprio da criança da mesma maneira como antigamente se fustigavam seus corpos.[19]

Para o adulto, pode parecer não haver outra forma de manter a ordem. Afinal, é importante que as crianças compreendam a necessidade de organização e cooperação, aprendam os limites de suas ações, bem como o respeito consigo e para com os demais. Para essas questões, Korczak nos dá algumas pistas quando relata sua experiência no orfanato ao, paulatinamente, construir com as crianças noções de convivência em comunidade, a necessidade do respeito, da ordem e da justiça.

Marangon situa que algumas das **propostas pedagógicas** de Korczak no orfanato, como o jornal, a formação do tribunal e das leis, os julgamentos, o parlamento e a autogestão, só foram possíveis mediante a conscientização das crianças, ao seu trabalho árduo e até mesmo aos desentendimentos entre elas. Foi a partir dos conflitos e reestabelecimentos da ordem que foi formada uma democracia no orfanato. Korczak diz ainda: "Compreendi que as crianças são uma força com a qual podemos contar. Podemos fazer delas colaboradoras fiéis, assim como poderemos desencorajá-las pela falta de confiança. Por um curioso concurso de circunstâncias, essas verdades me foram ensinadas com golpes de bastão".[20]

Ele considerava a criança igual a qualquer outro ser humano, em toda e qualquer ocasião. Segundo Wassertzug, seu "procedimento e modo de reagir era livre, sem depender de certas circunstâncias que obrigassem o seu proceder".[21] Essa descoberta da alma infantil tinha um único propósito: compreender a criança e aliviá-la. Korczak conta que, num certo dia quente e ensolarado, um menino vestiu um casaco para o passeio. Ele a princípio não entendeu o motivo, mas percebeu não se tratar de um capricho da criança. Como um educador perspicaz, notou que a calça do menino estava remendada e ele tinha vergonha de aparecer assim perante a menina com quem simpatizava. Assim, estava dada a explicação, embora muitas vezes seja difícil para o educador perceber as causas de determinado comportamento da criança.

O **respeito pela criança** é marca integrante do pensamento de Janusz Korczak e a base que sustentou sua construção pedagógica. Ele buscou compreender seus medos, suas aflições, suas angústias, seus desejos de qualquer ordem, seus comportamentos. Para ele, a criança merece ser respeitada, compreendida, amparada, amada, assim como o fariam com um adulto. Jamais deveríamos subestimar seus problemas; ainda que pareçam pequenos aos olhos do adulto, para a criança ele precisa de solução. É preciso respeitá-las constantemente, observá-las com olhar atento e perspicaz. Korczak oferece pistas e sinais que acreditava ser necessários para que tratássemos melhor nossas crianças à luz do respeito, amor e compreensão desses sujeitos.

QUANDO EU VOLTAR A SER CRIANÇA: COLOCAR-SE NO LUGAR DA CRIANÇA

A obra *Quando eu voltar a ser criança* é um romance literário,[22] uma espécie de "ficção psicológica"[23] escrita em primeira pessoa, em que o narrador, um professor do primeiro ciclo do ensino fundamental (antigo primário), insatisfeito com sua vida e com seus problemas de adulto e da docência, começa a devanear sobre a sua infância em uma determinada noite deitado em sua cama.

O narrador relembra os planos que fizera quando criança: construiria uma casinha para os pais com um jardim grande que ele mesmo cuidaria, e a mãe teria galinhas. Compraria muitos livros ilustrados ou sem ilustrações contanto que fossem interessantes, além de tintas e lápis de cor para desenhar e pintar o tempo todo. Ele teria uma gralha, um pônei, um cavalo e três cachorros. Seus planos eram cheios de detalhes, e, nesta noite, imerso em suas recordações infantis, ele, num profundo suspiro, sentiu saudades de ser criança.

Foi quando viu adentrar seu quarto uma luz que segundo ele assemelhava-se a uma estrelinha. Tratava-se de um gnomo que fora chamado pelo seu "Suspiro da Saudade" e que agora estava ali para realizar seu desejo: voltar a ser criança. Assim, na manhã seguinte o professor acorda como uma criança novamente, mas preserva consigo sua memória e consciência de adulto. São muitas as experiências vividas durante os poucos dias como criança – ele sente medo, alegria, angústia, tristeza, ansiedade, euforia. Esses dias retratados nesta obra nos levam a perceber que embora haja momentos felizes e sublimes na vida da criança, as injustiças e os medos também permeiam o mundo infantil.

> [...] passando pela experiência de alguns dias na vida de um garotinho, ele descobre que ser criança – mesmo uma criança de classe média, bem

alimentada, com pais vivos, lar, irmãzinha, brinquedos – não é nenhum mar de rosas. São tantas dificuldades! Foram alguns momentos bonitos: um claro dia de neve, um "namoro" infantil, um cachorrinho encontrado na rua – são tantos problemas! Tantas incompreensões, arbitrariedades, autoritarismo, injustiças, violências morais e físicas que a criança tem que suportar, calada e submissa.[24]

Os dois primeiros capítulos do livro, intitulados "Primeiro dia" e "Segundo dia", contam o decorrer dos dias do garoto. São dois dias intensos em que ele pode provar a alegria, o medo, a vergonha, a dor que fazem parte do cotidiano de uma criança. O terceiro capítulo chama-se "Malhado" e refere-se ao cachorrinho a quem se afeiçoou, mas que depois foi preciso dá-lo para pagar como empréstimo que fez com um colega. "Amor" é o quarto capítulo, em que ele relata sua paixão por uma menina chamada Mariazinha. O quinto e último denomina-se "Dias Cinzentos", em que expressa suas preocupações, mágoas e tristezas, e quando o personagem se dá conta do quão difícil pode ser viver na pele de uma criança.

Ainda como adulto, o narrador-personagem, ao relatar suas memórias de infância, conta sobre uma vez estar indeciso se queria um cachorro ou um gato, ou até mesmo os dois. Tinha dúvidas também sobre os banquinhos que os velhinhos usavam embaixo dos pés, e recorre aos pais em busca de solução para suas dúvidas:

> – Mãe, fita vermelha fica melhor num cachorro ou num gato?
> E ela disse:
> – Você rasgou a calça outra vez.
> Ao papai perguntei:
> – Todo velhinho precisa de um banquinho embaixo dos pés quando fica sentado?
> Papai disse:
> – Todo aluno deve tirar boas notas, e não deve ficar de castigo.[25]

Após diversos episódios como esse, disse ter parado de fazer pergunta aos pais e passou a deduzir as coisas sozinho. O que os adultos julgavam ser importante não condiziam com o que ele precisava saber naquele momento. Como adulto e professor, ele tinha uma postura diferente: afirmava que as crianças não prestavam atenção e se zangava o tempo todo. Não se sentia satisfeito com sua profissão e tinha aborrecimentos de toda espécie. No entanto, ele começa a imaginar o que faria caso fosse uma criança, colocando-se em uma inversão de papéis.

> Se eu soubesse naquela época, nunca teria feito força para crescer. Ser criança é mil vezes melhor. Os adultos são infelizes. Não é verdade que eles podem fazer o que querem. Têm até menos liberdade do que as crianças. Têm pesadas responsabilidades. Têm mais aborrecimentos. É mais raro terem pensamentos alegres. É verdade que nós, os adultos, não choramos mais; deve ser porque não vale mais a pena chorar. Em vez disso suspiramos fundo.[26]

Em seu primeiro dia de criança, o narrador-personagem teme ser descoberto que ele é um menino que já fora um adulto. Decidindo não revelar esse segredo a ninguém, deixa que sua mãe corte seu pão como se ele ainda não o soubesse fazer e disfarça ao olhar o relógio, pois não sabe se o garoto já aprendeu a ver as horas, pois, senão, isso o trairia. Ele vai à escola e no caminho já é capaz de notar algumas especificidades pertinentes ao mundo infantil, como a observação e a curiosidade. Demonstra felicidade em voltar a ser criança: "Acho-os todos calmos, os adultos e os estudantes. É claro: na rua não dá para fazer bagunça. E também ainda não se animaram. Tão cedo de manhã. Comigo é diferente: é meu primeiro dia de criança, então sinto-me alegre".[27]

Ele sente-se leve e caminha olhando para todos os lados, tudo chama a sua atenção: bate com a mão em uma placa de ferro sem saber ao certo por que fez isso; sente o vapor saindo da sua boca pois está muito frio. Ele logo pensa que poderia apitar como uma locomotiva e correr como uma em vez de caminhar. O garoto também se interessa por um cavalo que não aguenta puxar a carreta, pois está mal ferrado, imaginando o que irá acontecer: será que o cavalo vai cair? O que o cocheiro irá fazer? E logo pensa: "Se eu fosse um adulto, passaria indiferente, é provável que nem repararia em nada. Mas como sou um menino, fico interessado".[28]

São passagens como essas que demonstram a imensa capacidade de observação que Korczak possuía. Ele costumava passar horas do seu dia observando as crianças, ouvindo suas conversas, parando em alguns momentos para também conversar com elas, atentando-se para suas opiniões. Fazia isso para posteriormente anotar tudo quanto observara, analisando os acontecimentos, sempre na busca pela compreensão do universo infantil, de modo a representá-lo com mais fidedignidade.

> Korczak afirma que as crianças – e o personagem, que aparenta ter entre 7 e 8 anos – por estarem descobrindo muitas coisas, por estarem construindo e estabelecendo relações com um mundo que começam a conhecer, demonstram grande curiosidade sobre as coisas. Tudo querem aprender, saber, entender. São muitas questões. Para tentar compreender melhor o mundo que a rodeia, a criança segue perguntando e observando. Olha atentamente para tudo, não gostaria de perder nenhum detalhe, nenhum acontecimento.[29]

O menino acha curioso o fato de saber exatamente onde é a escola e quem encontrará lá: está tudo em sua mente. Ao chegar à escola, os alunos estão discutindo calorosamente sobre o rio e, como a divergência de opiniões dá início a uma pequena confusão, o assunto muda para neve e então surgem alguns xingamentos. Cada qual expõe à sua maneira seus argumentos e opiniões e, neste momento, o personagem começa a refletir que assim também o fazem os adultos, em uma mesa de bar, discutindo sobre política em vez da neve. Segundo ele, os adultos "discutem delicadamente, mas também fazem barulho".[30]

Ainda na sala, empresta o caderno para um colega copiar a tarefa. A professora está pra chegar, e ele, envolto entre pensamentos infantis e adultos, acha engraçado a ideia de ser colocado de castigo por ter emprestado o caderno e, ao mesmo tempo, teme ser pego e castigado. Tornou-se criança há pouco tempo e já provou a sensação do medo. A professora entra na sala, mas o colega ainda não devolveu seu caderno. Ele o chama sussurrando, mas o garoto não ouve, no entanto, a professora o ouviu, advertindo-o: "Está agitado por quê? Fica sentado, quietinho".[31]

Durante o recreio, seus amigos começam a correr e ele acha esquisito apostar corrida com os garotos; mesmo assim, faz a mesma coisa. A sensação de correr é muito agradável para ele e, ainda que sue e canse, bastam apenas alguns instantes para que se recupere e volte a correr mais uma vez. Então, adulto e criança novamente interagem no pensamento do personagem: "Correr, para nós, é como andar a cavalo, galopando, competindo com o vento. Não se sabe nada, não se pensa, não se lembra de nada, nada se vê – apenas sente-se a vida, uma vida plena. Sinto que o ar está dentro de mim e em torno de mim".[32]

Terminado o recreio ele está voltando para a sala, mas com o impulso da corrida acaba esbarrando no diretor, quase derrubando-o. O menino o viu parado, mas não foi capaz de parar de correr a tempo. "O mesmo deve acontecer com os motoristas, os motorneiros. Entendo agora que eles são acusados injustamente. Um desastre, um infortúnio – mas sem culpa."[33] O diretor o pega pela gola e o sacode com força, gritando com ele. O menino fica com muita vergonha, pois estão todos ao redor atento à situação, assim, não conseguiu ao menos dizer seu nome quando questionado. Triste e envergonhado, ele segue o diretor até o seu gabinete. "E eu, com vergonha do pessoal. Aparece a professora, manda os garotos entrarem na sala de aula. Agora fiquei sozinho. Abaixo a cabeça, que nem um criminoso."[34] Pouco depois, ele retorna para sala entristecido e, então, põe-se a refletir:

> Fico sentado, pensando. Tenho muito o que pensar. Penso, não escuto nada, nem sei de que é que estão falando. [...] A professora pega o giz, fala alguma coisa, explica. E eu pior que surdo. Porque não ouço e nem sequer enxergo. [...] Agora entendo o que acontece com as crianças: quando alguma coisa fracassa, logo falha também isto e aquilo, e mais aquilo outro. Imediatamente a gente perde a confiança em si mesmo. Mas deveria ser bem diferente: quando um berra com a gente, outro deveria elogiar, encorajar, consolar. E será que é preciso berrar? Sei lá. Talvez seja, talvez não.[35]

A partir das sensações percebidas pela memória do adulto na criança, é possível observar a opressão e a violências às quais as crianças com frequência são submetidas. As relações entre adulto e criança estabelecidas por Korczak buscam intensificar essa percepção – a criança talvez não seja capaz de relacionar o ato de abaixar a cabeça e sentir-se culpado a um criminoso, mas o adulto é. Assim, apresenta-nos o olhar de alguém que respeita a criança, consegue olhá-la e compreendê-la, capaz de relacionar o abaixar a cabeça do menino e seu sentimento de culpa com um criminoso.[36]

> Senti vergonha, também, quando me seguraram pela gola, como se fosse ladrão. A um adulto ninguém segura assim, ninguém o sacode, quando ele inadvertidamente esbarra em alguém. É verdade que os adultos caminham com cuidado, mas também lhes acontece.
> Por outro lado, as crianças têm direito de correr. E se têm esse direito, quem teria de tomar mais cuidado: eu, um menino, ou ele, um experiente educador?[37]

Após o fim da aula, ele retorna para casa com seu amigo Mundinho. Tudo no caminho lhe parecia interessante: o bonde, o soldado que passava, o cachorro, as lojas e seus letreiros. Sentia-se em meio ao desconhecido, o que aguçava ainda mais sua curiosidade e observação.

> Tudo é novo, desconhecido, como se tivesse passado tinta fresca por cima. Não é bem o caso de dizer que tudo é desconhecido, porque é claro que conheço o bonde, mas por exemplo quero saber se o número é par ou ímpar, se é inferior ou superior a cem.
> Pronto, inventamos um jogo.[38]

Ainda no caminho de volta para casa, ele e o amigo veem um cachorro lamber o focinho e se perguntam se seria possível fazer o mesmo, assim, não seriam mais necessários os lencinhos. No entanto, durante as tentativas com as línguas para fora, são ofendidos por uma senhora: "Crianças estúpidas, mostrando a língua". Sentiram-se envergonhados, pois se esqueceram das pessoas que circulavam entre eles. Na verdade, aquela senhora não foi capaz de compreender o que os meninos estavam fazendo, não ouviu previamente a conversa deles e, portanto, acreditou se tratar de um ato inapropriado.

As situações apresentadas por Korczak evidenciam, através do diálogo entre os pensamentos da criança e do adulto, a relação de respeito (ou a falta dele) entre esses sujeitos. Se, tanto na ocorrência com o diretor ou com a senhora na rua, em vez de um menino fosse um adulto quem praticasse aquelas ações, as reações desses sujeitos seriam diferentes. Um esbarrão seria educadamente repreendido, e, ainda que julgasse inapropriado, a senhora não ofenderia, em voz alta pelo menos, um homem adulto. Marangon destaca:

> É justamente essa diferença no trato entre a criança e o adulto que delimita a questão do respeito para com o infante. É na suposta transposição do personagem criança/adulto que se pode averiguar o tratamento dispensado a cada um deles. É nesse momento que se percebe a humilhação sofrida pela criança.[39]

Korczak enuncia uma visão de criança interessada em compreender as coisas do mundo, embora viva momentos de dor, medo e angústia. Seus sentimentos, sejam eles de alegria, tristeza ou dor, são tão reais quanto aos de um adulto, e são expressos pelos mais diversos motivos. No entanto, "os adultos pensam que as crianças só são capazes de fazer bagunça e dizer bobagens; mas elas profetizam um longínquo futuro, discutem e debatem a respeito".[40]

Ele denuncia a falta de respeito do adulto para com a criança e explica, por exemplo, que "as crianças choram mais vezes do que os adultos, e não é por frescura, mas porque sentem as coisas mais profundamente",[41] ou então, quando uma criança cai e se machuca, normalmente ouvirá do adulto "'Bem-feito, da próxima vez não fica fazendo bobagens'. Como se a criança sentisse menos, tivesse um outro tipo de pele".[42]

Desde cedo, as crianças enfrentam muitos desafios, cuja complexidade vai se alterando com o passar do tempo. Em seu primeiro dia de criança, voltando para casa, o menino e seu amigo Mundinho precisam enfrentar um desses desafios: a ameaça e provocação de um garoto maior e mais velho. O menino, que teve seu boné arrancado pelo garoto maior e fora ameaçado com um pedaço de pau, decide enfrentá-lo. Depois de uma breve discussão e ameaças do garoto mais velho, o menino acerta-o com um soco na testa e junto com Mundinho sai correndo. Já a salvos, o personagem reflete:

> Mas Mundinho tem razão. Agora vou ter que me cuidar.
> Onde já se viu alguém tirar o boné da cabeça de um garoto, em plena luz do dia, numa rua cheia de gente! Se fizessem isto a um adulto seria um escândalo, juntaria uma multidão, apareceria um guarda. Mas a vítima sendo criança, não acontece nada. No meio das crianças também existem aventureiros, e não temos nenhuma ajuda nem proteção contra eles – temos de nos defender sozinhos.[43]

As experiências vividas em seu segundo dia como criança são também intensas como as do primeiro. O dia está bastante frio e a neve chegou, o que para as crianças foi uma excelente notícia. No recreio, os alunos vão brincar na neve e começam a enfrentar uns aos outros como numa "guerra de bola de neve". É preciso estratégia e agilidade nessa brincadeira, e no meio deste combate o narrador-personagem começa a refletir: "A luta não é contra o homem, mas contra o tempo. Cada momento deve ser aproveitado, a perda de qualquer fração de segundo é um desperdício. Cada instante deve ser vivido, espremido, sugado até a última gota do gozo do movimento".[44]

Ao voltar para casa, novamente com seu amigo Mundinho, pararam em frente de diversas lojas, admirando as vitrines e dizendo um ao outro o que gostariam de comprar. Em uma loja escolhem um estojo de compassos e um bonequinho, na outra, um tablete de chocolate grande, numa próxima, uma boneca para Irene, irmã mais nova do menino, e um vaso de flores para a mãe de Mundinho. Korczak relata aqui que, diferente dos adultos, o valor mercantil de um objeto não é importante para as crianças, elas conhecem os objetos necessários e os desnecessários e estão sempre dispostas a trocar uma coisa cara por outra que tenham muita vontade de possuir.

Os garotos continuam sua caminhada com longas conversas e, em consequência disso, o menino chega atrasado em casa. A mãe o recebe aos gritos, reclamando estar farta de cozinhar e lavar a louça, que o garoto estraga os sapatos, irá na escola queixar-se dele, que ela morrerá por sua causa, entre outros "desabafos". A criança não compreende. "Muitas vezes você nem escuta o que eles gritam, não entende uma só palavra. Nem sabe o que querem. Só ouve um vago zumbido, e a cabeça fica tonta."[45]

Em um determinado dia o menino acordou triste. O personagem afirma que a tristeza é um sentimento suave e agradável, que o faz refletir sobre a vida. Ele então sente pena da mãe, pois as traças comeram seu vestido; do pai que precisa trabalhar; da avó que está velha e logo morrerá; do cachorrinho que está sozinho com frio; e até mesmo da florzinha com pétalas caindo e que lhe parece doente. Imerso nesse sentimento e nessas reflexões, ele afirma querer ajudar a todos e tornar-se uma pessoa melhor. O menino fala ainda da vontade que tem de ficar sozinho ou então ter a companhia de alguém para conversar sobre diversos assuntos, e enfatiza a necessidade que sente em conversar consigo mesmo, sozinho e em silêncio.

É preciso pensar nas coisas da vida, naquilo que acontece com ele e ao seu redor, depois de muito correr e brincar. De acordo com Marangon, é por reconhecer essa necessidade da criança que Korczak cria em seu orfanato o Canto Íntimo, um lugar onde era proibido barulho, agitação, bagunça, destinado àqueles que precisavam ficar a sós consigo mesmos e refletir.

Algumas vezes, o personagem encontra-se fazendo planos para quando voltar a ser adulto novamente. Como professor, ele afirma que tentará entender melhor seus alunos, para que assim não existam dois campos inimigos: "de um lado a turma, do outro ele e alguns puxa-sacos. Procurarei introduzir sinceridade".[46] Também quando percebesse a classe dispersa e desatenta, pararia o que estivesse explicando e perguntaria um a um sobre o que estão pensando. Sem repreensões e gritos. Apenas anotaria tudo em seu caderno para então a partir dessas anotações escrever um livro.

> Quero escrever um livro sobre a escola. Para que todos se convençam de que nem sempre é possível prestar atenção na aula. Quem sabe no inverno os recreios deveriam ser mais longos, quem sabe num dia de céu claro os alunos se cansam mais depressa. Muita gente escreve livros sobre a escola. E sempre propõem coisas novas, para as condições melhorarem para as crianças e os professores. Porque vocês vão se formar um dia e irão embora, mas nós continuaremos indo à escola a vida toda.[47]

Ele continua imaginando e fazendo planos para a vida a adulta novamente e conclui: "Parece que as coisas não são fáceis nem para as crianças, nem para os adultos. Uns e outros têm suas preocupações e tristezas".[48]

Certo dia em uma festa, o menino conhece Mariazinha, uma garota de Wilno que veio passar a semana em Varsóvia. Eles dançam, conversam, mas logo outro menino aparece e a convida para andar em seu trenó. Após esse episódio, ele chega em casa e descobre-se apaixonado.

> Pois é: amo Mariazinha
> [...]
> E aí começa uma outra diferença. Gosto de Malhado de uma maneira, dos meus pais de outra, de Mundinho de outra ainda, e também de outra maneira gosto de Mariazinha de Wilno.
> Bem, pode-se dizer simplesmente:
> "Gosto, gosto muito, amo."
> E acabou.[49]

Nos próximos dias, o garoto aparenta tristeza e apatia, pensando em Mariazinha e em como seria bom viajar ou até mesmo mudar-se para Wilno. "Como seria bom se todas as meninas fossem como ela. Mas quem sabe um dia a gente vai mesmo a Wilno? Papai arranja um trabalho por lá? Nada é impossível." As crianças também pensam no amor.

O garoto recebe um postal de Mariazinha e leva à escola para mostrá-lo a Mundinho. No entanto, um aluno da turma o arranca da sua mão e corre. Sua fúria é tamanha que, ao recuperar o postal, o amassa e rasga em pedaços. Os outros alunos começam a zombar dele e então, tomado pela

A VISÃO DE CRIANÇA EM KORCZAK

raiva, dá um tapa na cara de um deles, mas o diretor presenciou o tapa e agarrou a mão do menino.

> Pois é. Ficou estragado. Costumava fazer desenhos bonitos. E escrevia bem. Agora não presta atenção. É agitado. Faz os deveres de qualquer maneira.
> Mandam buscar minha mãe.
> – Espere só até seu pai voltar do trabalho. Nunca mais ele te dá dinheiro para o cinema.
> Estou acossado de todos os lados.
> De todos os lados, palavras más, olhares maus, e anúncios de algo ainda pior.[50]

O professor, que tanto quis ser novamente criança a fim de livrar-se de suas preocupações e problemas da vida adulta, estava agora desiludido com a vida infantil e cansado de tantas repreensões e incompreensões. Sentia um vazio dentro de si e profunda tristeza. Ele correu para o sótão e sentou-se no degrau em frente à porta. Após suspirar fundo, viu surgir pela rachadura da porta um homenzinho com uma lanterna:

> – Ah, é você!
> Ele alisa a barba branca. Não diz nada.
> Fica esperando.
> Num murmúrio sem esperanças, atravessando as lágrimas, digo:
> – Quero ser grande. Agora desejo ser adulto.
> A lanterna do anãozinho piscou na frente de meus olhos.[51]

Ele, então, viu-se enfim sentado em frente a sua escrivaninha onde tinha uma pilha de cadernos para serem corrigidos. "É uma pena. Mas não quero voltar atrás."[52]

De diferentes formas, Korczak construiu elos que conectaram o pensamento e a ação infantis ao adulto durante toda sua obra, e é possível perceber as diferenças entre o mundo do adulto e o da criança através de seu entrelaçamento de ideias. Percebe-se ainda a diferença entre o tratamento dirigido aos adultos e àquele dirigido às crianças, o que leva a enunciar a necessidade de empatia para com elas. Suas comparações entre o universo adulto e infantil evidenciam a urgência em reconhecer à criança o respeito, o amor e a compreensão que lhes são devidos.

57

É sempre assim: o adulto está muito ocupado, a criança está zanzando à toa; o adulto tem senso de humor, a criança faz palhaçadas; o adulto sofre, a criança choraminga ou berra; o adulto tem movimentos rápidos, a criança é agitada; o adulto está triste, a criança está de cara feia; o adulto é distraído, a criança vive no mundo da lua. O adulto ficou mergulhando nos seus pensamentos, a criança está abobalhada. O adulto faz alguma coisa pausadamente, a criança se arrasta. É uma linguagem que pretender ser engraçada, mas resulta indelicada. Pirralho, fedelho, bobalhão – mesmo quando não querem brigar com a gente, quando querem ser afetuosos. Azar, a gente acaba se acostumando, mas este menosprezo é desagradável e às vezes irrita.[53]

E tais especificidades mencionadas por Korczak há tanto tempo certamente contribuíram para o reconhecimento das especificidades e singularidades da criança e, consequentemente, de sua educação.

NOTAS

[1] F. Abramovich, "Prefácio", em J. Korczak, *Como amar uma criança*, Rio de Janeiro, Paz e Terra, 1997, p. 10.
[2] J. Korczak, *Como amar uma criança*, Rio de Janeiro, Paz e Terra, 1997, p. 42.
[3] Idem, p. 44.
[4] Idem, p. 95.
[5] Idem, pp. 96-7.
[6] Idem, p. 72.
[7] Idem, ibidem.
[8] Idem, p. 178.
[9] Idem, ibidem.
[10] Idem, p. 229.
[11] Idem, p. 273.
[12] A. C. R. Marangon, *Janusz Korczak, precursor dos direitos da criança: uma vida entre obras*, São Paulo, Unesp, 2007, p. 111.
[13] J. Korczak, *Como amar uma criança*, Rio de Janeiro, Paz e Terra, 1997, pp. 185-6.
[14] Idem, p. 186.
[15] Idem, pp. 199-200.
[16] Idem, p. 221.
[17] Idem, p. 223.
[18] A. C. R. Marangon, *Janusz Korczak, precursor dos direitos da criança: uma vida entre obras*, São Paulo, Unesp, 2007.
[19] J. Korczak, *Como amar uma criança*, Rio de Janeiro, Paz e Terra, 1997, p. 204.
[20] Idem, p. 273.
[21] Z. Wassertzug, *Janusz Korczak mestre e mártir*, São Paulo, Summus, p. 110.
[22] A obra de ficção é uma forma de descrever a realidade sob muitas possibilidades. Embora a teoria também o faça, a ficção transmite sua mensagem alcançando diferentes tipos de leitores, aproximando deles essa realidade que é descrita.
[23] T. Belinky, "Prefácio", em J. Korczak, *Quando eu voltar a ser criança*, São Paulo, Summus Ed., 1981, p. 10.
[24] Idem, ibidem.
[25] J. Korczak, *Quando eu voltar a ser criança*, São Paulo, Summus Ed., 1981, p. 16.
[26] Idem, p. 19.

[27] Idem, p. 24.

[28] Idem, ibidem.

[29] A. C. R. Marangon, *Janusz Korczak, precursor dos direitos da criança: uma vida entre obras*, São Paulo, Unesp, 2007, p. 120.

[30] J. Korczak, *Quando eu voltar a ser criança*, São Paulo, Summus Ed., 1981, p. 25.

[31] Idem, ibidem.

[32] Idem, p. 27.

[33] Idem, p. 28.

[34] Idem, p. 29.

[35] Idem, ibidem.

[36] A. C. R. Marangon, *Janusz Korczak, precursor dos direitos da criança: uma vida entre obras*, São Paulo, Unesp, 2007.

[37] J. Korczak, *Quando eu voltar a ser criança*, São Paulo, Summus Ed., 1981, pp. 29-30.

[38] Idem, p. 40.

[39] A. C. R. Marangon, *Janusz Korczak, precursor dos direitos da criança: uma vida entre obras*, São Paulo, Unesp, 2007, p. 123.

[40] J. Korczak, *Quando eu voltar a ser criança*, São Paulo, Summus Ed., 1981, p. 44.

[41] Idem, p. 77.

[42] Idem, p. 48.

[43] Idem, p. 45.

[44] Idem, p. 62.

[45] Idem, p. 76.

[46] Idem, pp. 67-8.

[47] Idem, p. 68.

[48] Idem, p. 69.

[49] Idem, p. 125.

[50] Idem, p. 153.

[51] Idem, p. 154.

[52] Idem, ibidem.

[53] Idem, pp. 94-5.

A EDUCAÇÃO
EM KORCZAK

Este capítulo aborda as concepções e ideais pedagógicos de Korczak que foram, majoritariamente, aplicadas em seu orfanato mais conhecido como o Lar das Crianças. Para tanto, a análise se ancora em autores como Szpiczkowski (2008), Monteiro (2006), Gonçalves (2015), Gadotti (1998), Peroza (2018), Grzybowski (2007) e Marangon (2007), que se propuseram a estudar a temática, bem como a obra *Como amar uma criança* (1997), em que o autor polonês descreve com detalhes seu ideal de educação e como foi realizado.

Como vimos anteriormente, a trajetória de Korczak como educador teve seu início após a morte de seu pai, quando precisou ajudar no sustento da família, já que a maior parte das finanças dos Goldszmit havia sido gasta no tratamento do pai dele. Nessa ocasião, Korczak tinha apenas 18 anos e sua primeira experiência foi como professor particular de filhos de amigos e conhecidos.

Logo de início, inventou uma técnica que acalmava as crianças. Ele chegava com uma maleta e a abria calmamente; aos poucos as crianças se aproximavam e o jovem Korczak deixava que elas examinassem cada objeto dentro dessa maleta. Em seguida, contava um ou dois contos de fadas para só então lhes apresentar a gramática, história, geografia, ou qualquer outro conteúdo pertinente às matérias escolares.

Embora tenha frequentado escolas tradicionais e muito rígidas, Korczak preferia não utilizar métodos parecidos com aqueles que teve em sua vida escolar. Primeiro conquistava a confiança da criança, instigava sua curiosidade e interesse para, então, ensinar-lhe a partir dos contos que envolviam o lúdico e a imaginação. Szpiczkowski comenta que Korczak acreditava na importância de se conquistar a confiança da criança, pois desta maneira cria-se uma atmosfera educacional capaz de afastar qualquer suspeita que possa existir entre o educador e o educando.

Tudo se torna mais fácil para o educador que conseguir conquistar seu grupo, mas, se dominado por uma cólera impotente, começa a repreender e a se zangar com todos, os meninos, perversamente, farão tudo para excitá-lo ainda mais e sua vida se tornará um inferno. Ele se arrisca então, por uma questão de autodefesa, a apelar para formas mais brutais de violência.[1]

É importante recordar que essa forma de compreender a infância e se relacionar com a criança, respeitar seus interesses e necessidades, compreender suas aflições, são comportamentos que vêm sendo construídos desde o século XVIII. De acordo com Monteiro, foram as ideias de Jean-Jacques Rousseau que impulsionaram a expansão e modernização das representações e práticas da infância, ao constatar que a criança deve ser compreendida em sua "natureza", como um ser integral e completo, considerando sua humanidade e especificidade. Rousseau (1712-1778) discordou da prática educativa de sua época que estava centralizada nos interesses da vida adulta e em uma formação futura, ainda distante da criança. Para ele, a teoria e a prática educativa deveriam centrar-se nas necessidades e atividades da criança, seguindo seu curso natural de desenvolvimento.

Desde então, fortes mudanças vêm ocorrendo tanto no mundo social como na esfera educativa, e assim "a criança passa a ser alvo de renovado interesse, regido sobretudo por uma crescente preocupação em compreender quer a sua especificidade, quer as suas particularidades".[2] E, para a autora, foi a partir de uma acentuada oscilação entre as novas ideias pedagógicas, fundidas na centralidade da criança no processo educativo, que se deu a transição do século XIX para o XX:

> Serão três os elementos básicos para a concretização dessa renovação educativa e pedagógica, no qual o movimento Escola Nova, no raiar no século XX, depositará toda a sua ação: o primeiro diz respeito à concepção de sujeitos/educandos (coeducação), o segundo à instituição educativa e o terceiro aos conteúdos, com base no princípio de uma aprendizagem ativa, direcionada para uma educação capaz de abraçar um conceito de integralidade, voltada para a vida e a para a realidade.[3]

O movimento Escola Nova desenvolveu-se especialmente na Europa e contribuiu fortemente para a importância e o espaço que a infância vinha adquirindo. Nesse ínterim, a visão educacional de Korczak teve influência do pensamento educacional da virada do século, em que o respeito pelos interesses da criança estava significativamente presente nas reflexões acerca da educação neste período.

As propostas pedagógicas de Korczak convergiam para a criança, colocando-a no centro do processo educativo, e, de acordo com Tezzari, seu pensamento dialoga com Jean-Jacques Rousseau (1712-1778), Johann Henrich Pestalozzi (1746-1827), John Dewey (1885-1952), Maria Montessori (1870-1952), Ovide Decroly (1871-1932), Henri Wallon (1879-1962), Alexander S. Neil (1883-1973), Anton Makarenko (1888-1939) e Célestin Freinet (1896-1966).

Korczak era contrário à ideia de que a criança deveria ser moldada conforme as expectativas do adulto; seu princípio norteador era de que o adulto não deveria se sobressair à criança, mas sim respeitar e levar em consideração suas opiniões, sugestões e ponto de vista.[4]

> Korczak defende com vigor o direito da criança ser ela mesma, viver o seu momento presente, seu momento feliz. Não pretende enganar a criança, como faz a educação tradicional, prometendo a felicidade para amanhã, adiando a felicidade que ela pode gozar hoje. A criança não pode ser considerada um projeto de homem e o homem não é certamente um "animal racional", como queriam Aristóteles e a escolástica. Essa definição de homem que considera a criança um pequeno animal, um ser "menor", condicionou muitas pedagogias autoritárias. Daí ele afirmar que o "primeiro e indiscutível direito da criança é aquele que lhe permite expressar livremente suas ideias", portanto, apreciar sua conduta e decidir sobre sua vida em "em debate" com o adulto responsável por ela.[5]

Ressalta-se ainda que Korczak se aproxima do pensamento de Rousseau e Pestalozzi ao compreender que a criança possui uma "essência" humana, que lhe é natural, e que a intervenção educativa pode contribuir tanto para subvertê-la quanto para empoderá-la. Assim, ele criticou o sistema de ensino de sua época, pautado em aulas puramente expositivas, em que o currículo estava separado da vida prática do educando, e professores e alunos eram grupos distantes. Ele propôs, então, um sistema educacional baseado na cooperação entre escola, família e as várias instituições sociais.[6]

Grzybowski descreve que, em palestra aos membros da Associação Nosso Lar, Korczak disse que o objetivo da educação de seu tempo era preparar a criança para a vida, pensando no adulto que ela será, mas, ao mesmo tempo, esclarecia que as crianças já são pessoas e que merecem reconhecimento e serem tratadas como seres vivos e humanos. Korczak acreditava que o objetivo da educação era criar a criança como um ser útil e feliz. "Para atingir isso, é necessário adquirir o amor, a estima e a confiança da criança. Ao mesmo tempo, não devemos nos iludir que os adultos adquiram isto sem esforços e dificuldades de sua parte."[7]

Segundo o autor, a educação para Korczak estava relacionada com mudança, principalmente de si mesmo. A **autogestão**, marca integrante e fundante dos princípios educacionais de Korczak, é o que impulsiona essa mudança da qual fala o educador: "incessante melhoria, correção e rearranjo de sentimentos e ações próprias – não algo por temor diante da punição, ou ordem de quem cuida, mas por consciência de regras existentes e opiniões dos da mesma idade".[8]

A autogestão é uma prática que parece estar integrada às concepções pedagógicas de diversos educadores:

> A escola ativa de Ferrière e Steiner, o método apoiado nos centros de interesse de Decroly, a escola social de Dewey, as bases de uma pedagogia institucional protagonizada por Freinet, a pedagogia constitucional de Korczak, a pedagogia pela aprendizagem preconizada por Cousinet e a autoeducação em sentido prático e inteligente de Montessori, tornaram-se em pedagogias que, de uma forma ou de outra, a sua pedra angular não era mais que respeitar as características individuais do educando e, em algumas delas, integrar uma aprendizagem que fosse determinante para a resolução de questões úteis, quer para o indivíduo, quer para a sociedade. A pedagogia autonômica, encarada sob diversos prismas, é, deste modo, o pilar de toda esta nova dinâmica educativa: a educação para a autonomia, como resultado da junção de uma pedagogia não diretiva, de uma pedagogia de grupo e de uma pedagogia institucional, quando assim entendida, não é mais que o desabrochar de uma ideia preconizadora de que o educando se educa para a autonomia mediante uma aprendizagem crítica e reflexiva, afastada da componente não doutrinária e dogmática dos conteúdos escolares.[9]

A tais concepções não diretivas, seria possível incluir também alguns autores identificados com a pedagogia libertária, tais como a metodologia baseada na cooperação e respeito mútuo, de Francesc Ferrer (1859-1909), e a pedagogia indutiva e estimuladora do autodidatismo que Sebastian Faure (1858-1942) propôs na escola *A colmeia*.

A EDUCAÇÃO EM KORCZAK

Vimos que diversas propostas pedagógicas de Korczak foram aplicadas no orfanato Lar das Crianças, ou República das Crianças, como também ficou conhecido, idealizado por ele e sua grande parceira de trabalho, Stefania Wilczynska (Stefa). Durante o período de sua construção, Korczak evidencia:

> Nunca tinha tido a oportunidade de compreender tão bem a beleza da ação que se concretiza, de um trabalho tão ardente como uma oração. De um dia para o outro, um quadrado desenhado sobre a planta do edifício se transforma numa sala, num quarto, num corredor. Eu, que estava acostumado às estéreis disputas de opiniões, assistia, enfim, a uma realização. As decisões tornavam-se diretivas para um artesão encarregado de lhes dar forma. Cada ideia devia ser avaliada visando a sua finalidade: era preciso pensar no seu preço, utilidade, meios de realizá-la. Um educador ignora que com a madeira, o zinco, o papelão, a palha ou os fios de ferro poderá criar uma porção de objetos facilitando e simplificando seu trabalho, ajudando a economizar tempo e raciocínio.[10]

Todavia, Korczak afirma ser necessária a presença do educador para que possa opinar a auxiliar no planejamento do ambiente educacional, já que ele é quem conhece as particularidades da convivência e as demandas e organização dos diferentes espaços dentro do processo educativo. Assim, seria possível minimizar certos incômodos causados pela inexperiência educacional dos arquitetos e engenheiros.

> O bom funcionamento cotidiano do internato depende do edifício que abriga as crianças e do terreno sobre o qual foi construído.
> Quantas repreensões amargas fazemos às crianças e aos empregados por causa dos erros cometidos pelo arquiteto! Quantas dificuldades, trabalhos suplementares e aborrecimentos por causa das negligências do construtor! E mesmo que seja possível fazer alguma modificação, será preciso muito tempo para ainda mostrar que realmente esses defeitos existem e persuadir as autoridades da necessidade desses trabalhos, sem falar dos erros irreparáveis.[11]

Segundo Korczak, o Lar das Crianças foi construído para que pudesse observar tudo e todos. Assim, o ambiente contava com um grande pátio no piso térreo, onde um olhar atento poderia observar e controlar o conjunto. Os dormitórios também eram grandes, separados de acordo com

65

o sexo. Korczak tinha seu dormitório ao lado dos meninos, e o de Stefa localizava-se ao lado das meninas. Entre os dormitórios das crianças havia uma área de vidros, onde Korczak tinha uma mesa e de lá observava o sono das crianças. Ali, ele registrava suas anotações feitas ao longo do dia, provenientes de sua atenta observação. O ambiente do orfanato era bastante acolhedor, e quadros e aquário faziam parte da decoração.

Inicialmente, chegaram ao orfanato 50 crianças do Refúgio,[12] após terem passado o período de férias em uma colônia. A maioria dos internos era oriunda de famílias pobres, desestruturadas ou realmente órfãos. Aqueles que tinham pais costumavam vê-los semanalmente.

No Lar, a nova vida, bem como as mudanças que dela demandaram, e as novas regras não foram prontamente aceitas pelas crianças. O local onde habitavam anteriormente, o Refúgio, era um prédio alugado e bastante desconfortável, os móveis eram desiguais e as roupas de cama e mesa, bastante usadas. E lá, "as crianças estavam acostumadas a exercer livremente sua vontade, as regras eram, normalmente, impostas pelas crianças mais fortes e a disciplina decorria dessa autoridade. Assim, vendo-se frente a uma autoridade impessoal e permanente, rebelaram-se".[13] O desejo de Korczak era construir no Lar uma vida harmoniosa, no entanto, a conquista de uma república democrática das crianças, como se viu, não ocorreu de imediato:

> De que forma as crianças manifestam sua hostilidade? Por uma quantidade de pequenos detalhes cujas significações somente o educador é capaz de conhecer, de tal modo são imperceptíveis e aparentemente insignificantes. É a frequência que os faz penosos. Por exemplo: você diz ser proibido sair da mesa levando um pedaço de pão; um deles pergunta por que você resolveu que seria assim; um outro se levanta segurando seu pedaço de pão e diz: "Eu não tive tempo de comê-lo"; dois ou três esconderam o pão. Basta que você lhes diga: "É proibido esconder seja o que for, debaixo do travesseiro ou do colchão", para que um deles lhe responda que se ele guardar as suas coisas na gaveta, elas serão roubadas; o outro, a quem você surpreendeu pondo um livro debaixo do travesseiro, dirá com um ar inocente que tinha pensado que "em se tratando de livros, fosse permitido". [...]
> Para cada uma de suas iniciativas você encontrará dificuldades imprevistas, assistirá a uma lenta sabotagem de tudo o que, para você, já estava definitivamente estabelecido. Ficará sem saber se o que acontece é por

acaso, ou um mal-entendido, ou por má vontade... É preciso tempo para acordar a consciência. O educador, que tem boa vontade e métodos prudentes, verá, dia após dia, aumentar o número de seus partidários que vêm reforçar o grupo daqueles que aceitam uma "nova orientação".[14]

No final do primeiro ano, o orfanato estava completamente pronto e logo em seguida chegaram mais 50 crianças, somando um total de 100 internos no Lar. Durante esse período, paulatinamente, Korczak e Stefa foram conquistando as crianças e colocando em prática seus ideais pedagógicos. Algumas invenções auxiliaram na direção e organização do orfanato que compuseram a autogestão, na qual as próprias crianças seriam as responsáveis por tudo aquilo que envolvia a administração e convivência interior. A autonomia de pensamentos, de tomada de atitudes, a responsabilidade por seus atos, a liberdade de escolha, de decisão e de ação tinham como intuito formar cidadãos responsáveis, conscientes de seus atos e, principalmente, felizes pela possibilidade de decidir e aprender, a pensar por si próprio e não apenas obedecer a ordens autoritárias de educadores indiferentes às descobertas infantis e às especificidades de seu mundo.

OS DISPOSITIVOS PEDAGÓGICOS NO LAR DAS CRIANÇAS

A seguir descrevemos algumas práticas e propostas que nortearam as concepções de educação desenvolvidas por Korczak no Lar das Crianças: o quadro, a caixa de cartas, a vitrina dos objetos achados, a vassoura-escova, o comitê da tutela, as reuniões-debate, o jornal, o tribunal de arbitragem, o parlamento e a autogestão.

"A criança, em nossa casa, era a hóspede, o empregado e o diretor. Tudo o que lerão em seguida não é nossa obra, mas das crianças."[15]

O QUADRO

O quadro de avisos foi fixado num local visível e não muito alto. Ali eram afixados todos os comunicados da instituição, de toda e qualquer natureza. Korczak afirma que antes dele a comunicação entre educadores e crianças era muito falha, "sem o quadro a vida era um suplício. Não adiantava nada falar em voz bem alta e nítida".[16] Ele dizia que, enquanto algumas crianças haviam entendido, outras ainda tinham dúvidas e queriam explicações, e admitia que em meio a tantas perguntas e comentários ele mesmo ficava confuso, não conseguindo, por vezes, transmitir o aviso.

Sobre as crianças que ainda não haviam sido alfabetizadas, Korczak disse não se preocupar, ao contrário, ele ressaltava que para reconhecer seus nomes não havia necessidade do domínio da linguagem escrita e elas poderiam pedir ajuda aos que já sabiam ler. Ademais, o sentimento de dependência em relação às outras crianças alfabetizadas despertaria nelas o desejo de aprender a ler.

Alguns exemplos dos anúncios afixados no quadro:

> "Amanhã, às 10 horas, distribuição de roupas novas. Como as roupas não estão todas prontas, as crianças A, B, C, D não precisam se apresentar... Para o recolhimento das roupas velhas devem se apresentar as crianças F e G..."
> "Quem encontrou ou viu uma chave pequena amarrada com uma fita preta?"
> "Quem quebrou a vidraça do banheiro deve ir ao meu escritório."[17]

Todos os comunicados que eram postos no quadro dirigiam-se tanto para as crianças como para os adultos. Korczak destaca que este era um quadro vivo, onde se encontravam os mais variados conteúdos.

> O quadro dava possibilidade de iniciativas quase ilimitadas para o educador e as crianças. Mas era também um divertimento. Sempre que a criança dispunha de um pouco de tempo parava diante dele boquiaberta: uma informação tirada de um jornal, um desenho, uma charada, o perfil das brigas, a lista das coisas que tinham sido estragadas, as economias das crianças, seu peso, sua altura. Podiam afixar tudo: os nomes das grandes cidades, o número dos seus habitantes, preço dos alimentos. Parecia um almanaque ou a vitrina de uma loja.[18]

A CAIXA DE CARTAS

Enquanto o quadro representava uma possibilidade de dar às perguntas uma resposta fácil, em que bastava responder para olhar no quadro, a caixa de cartas permitia que adiassem uma decisão: escrevia-se acerca da situação para posteriormente avaliá-la.

O orfanato era um ambiente agitado e o convívio com muitas crianças dificultava a comunicação entre elas e os educadores, ou até mesmo que estes pudessem lhes dar atenção individual mais pacientemente. Por isso, sugeriu a proposta da caixa de cartas: nela as crianças depositavam suas queixas, expressavam seus sentimentos, escreviam suas dúvidas, pedidos de informações, solicitação de autorização, entre outros assuntos.

> Cada noite retirava um punhado de folhas de papel escritas com uma letra desajeitada e, no silêncio do escritório, podia refletir calmamente em tudo o que, na agitação do dia sobrecarregado de trabalho, teria provavelmente me passado despercebido ou que considerava pouco importante.
> "Será que poderia sair amanhã, porque o irmão de mamãe chegou?"
> "As crianças são más comigo."
> "O senhor é injusto: fez pontas nos lápis de todo mundo e não quis fazer no meu."
> "Eu não quis dormir perto da porta, porque de noite fico com medo que alguém vá entrar."
> "Eu estou zangado com o senhor."
> "Na escola, a professora disse que estou progredindo."
> Talvez você encontre até mesmo um poema não assinado. A criança teve uma ideia, passou-a para o papel e, não sabendo o que fazer com aquilo, pôs na caixa de cartas.[19]

Para Korczak, a caixa de cartas ajudou os internos a aprender muitas coisas: esperar uma resposta em vez de exigi-la imediatamente; distinguir entre um simples desejo e algo realmente importante; pensar e refletir sobre uma ação e tomar uma decisão; pedir ajuda a outro com maior conhecimento do código linguístico. Ele ainda disse que a caixa de cartas não apenas não impede a comunicação oral, ao contrário, torna-a mais fácil, pois possibilita ao educador mais tempo para que dedique parte do seu dia às crianças que necessitam de uma conversa longa e confidencial. "Existem crianças que não gostam de escrever? Sem dúvida, mas são sempre aquelas que possuem muito encanto: um sorriso, um beijo, que aproveitam cada situação propícia para agradar ao educador."[20]

A VITRINA DOS OBJETOS ACHADOS

As crianças possuem os mais diferentes tipos de objetos guardados em seus bolsos e gavetas, cujo valor apenas a criança compreende. Preocupado com o valor sentimental desses objetos guardados pelas crianças, desde gravuras, cartões-postais, pedras, barbantes, conchas, penas de pássaro, selos, contas coloridas, folhas e flores secas etc., Korczak criou a vitrina dos objetos achados, o que facilitava a devolução do que foi perdido.

Tudo quanto era encontrado era depositado em uma caixa e posteriormente, com a ajuda de um assistente, entregue aos donos em determinados horários. Segundo Korczak, todo objeto, por menor que fosse, possui um dono, daí a iniciativa em devolvê-lo. Mas o que mais o motivou a criar a vitrina foi que:

> Todas essas coisinhas têm uma história, às vezes complicada, origem e valor sentimental próprios. Representam lembranças do passado e projeções nostálgicas do futuro. Uma concha significa o sonho de uma viagem por mares distantes; um parafuso e alguns pedaços de fios de ferro: um aeroplano, imagem de um voo maravilhoso; o olho de uma boneca quebrada há muito tempo é, muitas vezes, a única lembrança de um amor que aconteceu e não voltará mais. Você descobre, às vezes, a fotografia de uma mãe, ou, enrolados num pedaço de papel cor-de-rosa, dois tostões herdados de um avô que morreu.[21]

A VASSOURA-ESCOVA

O trabalho doméstico do orfanato era divido pelas crianças. Korczak pontua a necessidade de se respeitar o trabalho realizado com a vassoura, a pá de lixo, o balde, o pano de chão, assim como o martelo e a plaina, tanto quanto aqueles realizados com os livros. A vassoura e o pano de chão, que antes ocupavam a parte de baixo da escada, passaram a ocupar a entrada dos dormitórios.

> Temos seis vassouras para nossos dois dormitórios. Se fossem menos, reclamaria, brigariam, seria uma confusão! Se partirmos do princípio de que uma mesa bem limpa tem o mesmo valor que uma página de caderno escrita com cuidado, se fazemos questão de dar ao trabalho doméstico um caráter educativo e não aquele de uma mão de obra explorada, porque

gratuita, devemos antes fazer um estudo sério deste problema; passar em seguida ao estágio de experiência e, quando confiarmos às crianças suas tarefas respectivas, estaremos certos de poder exercer controle vigilante.[22]

Embora todas as tarefas do Lar fossem divididas entre as crianças, este não foi um processo imediato, ao contrário, foi necessário um longo período de conhecimento acerca dos trabalhos a serem desenvolvidos, bem como da capacidade das crianças que os executariam. Diferente do que se possa imaginar, o estabelecimento de horários e a divisão de tarefas ocupou a fase final dessa organização doméstica.

Korcazk afirma que algumas atividades exigiam menos daqueles que as realizariam, como, por exemplo, arrumar as cadeiras, recolher pedaços de papel, tirar o pó, as quais eram facilmente executadas. Já outras exigiam maior coordenação de responsabilidades, tanto diárias (como auxiliar na distribuição das refeições) como semanais (entregar roupas de cama, banho e corte de cabelo), ocasionais (tirar os colchões e colocá-los do lado de fora para tirar a poeira), a algumas que feitas apenas nas mudanças de estação (limpar os banheiros do jardim no verão ou tirar a neve do inverno). Havia também os vigilantes de cada andar do orfanato, responsáveis por verificar o andamento das atividades e, quando necessário, auxiliar as crianças.

Todos os meses as tarefas mudavam e a lista dos responsáveis ficava afixada em um lugar visível. São as próprias crianças que oferecem sua colaboração através da caixa de cartas. Korczak diz ainda que as crianças combinam entre si o que irão fazer, escolhendo seu trabalho, e solicitam autorização. Ele afirma que a criança que é menos responsável terá alguns aborrecimentos, pois não encontrará facilmente quem queira trabalhar com ela.

> Cada tarefa tem seus lados bons e maus. Um bom entendimento é necessário entre todos. Cada trabalho novo proporciona às crianças surpresas agradáveis e algumas dificuldades que precisarão ser vencidas. O fato de executar alguma coisa nova incita ao esforço. O trabalho é agradável? A criança redobrará sua energia para conseguir outra vez o mesmo lugar. É cansativo? Você se esforçará ainda mais para conseguir a tarefa que quer. Consegue-se assim uma real igualdade de sexos e as idades diferentes. Mesmo bem pequena ainda, uma criança consciensciosa progredirá rapidamente; um menino executará as ordens de uma menina.[23]

Korczak também valorizava o pagamento pelas atividades desenvolvidas, já que alguns inspetores do Lar das Crianças eram remunerados. Ele ainda afirma que a Casa do Órfão não faz nenhum favor ao dar os cuidados às crianças que não têm pais, isso é um direito delas, e a Casa nada exige em troca. Assim, acredita ser importante ensiná-las desde pequenas o valor do dinheiro.

> Que compreendam os aspectos bons e maus de se ter dinheiro. É preciso fazer cem idealistas das cem crianças que lhe foram confiadas? Nenhum educador é capaz disso. Mas algumas crianças se tornarão idealistas mesmo sem a influência do educador. No entanto, será uma infelicidade para elas se não têm noção do que seja o dinheiro. Ele não traz felicidade? Mas muitas vezes a propicia, assim como a sabedoria, a saúde, os bons costumes. Mas você deve ensinar à criança que o dinheiro pode ser também uma fonte de infelicidade, doença, que pode subir à cabeça de seu possuidor. Que ela vá com seu dinheiro se encher de doces e terá uma boa indigestão; que veja que pode perder esse dinheiro no jogo ou na rua; que pode ser roubada; que tenha remorso de ter feito uma compra inútil; que pague o conserto de alguma coisa que tenha estragado; que procure com insistência uma tarefa que seja remunerada, para constatar em seguida que isso não valia a pena.[24]

O COMITÊ DA TUTELA

O comitê da tutela foi criado com o intuito de auxiliar na orientação individual dos internos, caracterizando uma espécie de hierarquização educativa. Correspondia a uma troca de experiência entre as crianças do Lar, em que um morador mais velho se responsabilizava pela tutoria de um mais novo. Ambos se correspondiam através de um diário, os pequenos escreviam suas dúvidas, angústias, pediam conselhos e orientações aos mais velhos. Além do diário, o diálogo escrito, havia entre as crianças e seus tutores bastante contato e conversas particulares.

Para melhor explicar sobre o comitê da tutela, Korczak transcreve um longo trecho do diário de um menino de 9 anos bastante travesso cuja tutora era uma garota de 12 anos.

> – Preciso do seu conselho. Estou muito preocupado e não tenho a consciência tranquila. Não sei por que, mas quando estou na sala de aula

tenho sempre um pensamento ruim na cabeça. É de roubar. Tenho medo de pôr em prática esta má ideia. Mas não quero fazer com que ninguém sofra e faço o que posso para me tornar melhor. Para não ter mais esse pensamento ruim é que quero viajar. Boa noite.

Resposta da tutora: Você fez muito bem em me contar isso. Nós conversaremos e procurarei aconselhá-lo. Mas prometa-me não se zangar se eu fizer algumas admoestações.[25]

AS REUNIÕES-DEBATE

"A criança não pensa nem melhor nem pior que o adulto; pensa de forma diferente."[26] Segundo Korczak, a arte de falar com as crianças é uma das mais difíceis, pois esta forma diferente de pensar dificulta a comunicação. Assim, o objetivo das reuniões-debate era o de aprimorar o diálogo entre os adultos e os internos.

As reuniões-debate priorizavam a livre expressão, em que se discutiam assuntos referentes à vida do Lar e, consequentemente, do educador e das crianças. O autor salienta que esses encontros mobilizavam a consciência coletiva e ajudavam a resolver alguns problemas particularmente difíceis ou dolorosos. Ele ainda afirma que uma verdadeira reunião-debate não devia sofrer nenhuma pressão ou possuir alguma segunda intenção. É preciso que as crianças se expressem livremente perante um educador honesto e atento.

> Um bom entendimento com as crianças não é uma coisa gratuita, é algo que se consegue com esforço. A criança deve saber que pode se expressar com franqueza, que o que dirá numa dessas reuniões não irá deixar o educador zangado e nem impedirá que continue seu amigo. Deve saber também que seus companheiros não caçoarão dela, nem a acusarão de querer ganhar a simpatia do educador. Numa reunião-debate o clima deve ser de dignidade e confiança. Se você forçar as crianças a votarem conforme a sua vontade, você transformará o debate numa inútil comédia. Outra recomendação: é preciso ensinar às crianças como se faz um debate, isto é, o seu lado técnico. Fazer esse tipo de reunião não é uma coisa fácil. E a última recomendação: é preciso que a participação das crianças nas deliberações e nas votações não seja obrigatória. Se alguns não quiserem participar é preciso respeitar sua vontade.[27]

O JORNAL

O orfanato possuía o próprio jornal, escrito pelas crianças, ao qual a principal função era ligar uma semana a outra. Sua leitura era feita coletivamente e em voz alta, semanalmente, por Korczak. Nele eram escritos recados para amigos, contos, histórias, notícias, desde uma nova iniciativa, uma reforma, um problema que surgiu ou até alguma reclamação ganhava uma nota curta, um pequeno artigo ou um editorial no jornal, como, por exemplo:

> "A brigou com B." Ou então: "As brigas se tornam cada vez mais frequentes. Tomamos conhecimento do que houve entre A e B. Não sabemos o motivo, mas será realmente preciso que cada discussão se transforme numa batalha?". Esse mesmo problema também pode ser assunto de um artigo importante com um título enérgico: "Devemos dizer não às brigas", ou: "Acabemos com elas para sempre".[28]

Acerca do jornal, Korczak ainda ressalta:

> O educador que deseja realmente compreender a criança precisa controlar sua própria conduta, e o jornal se torna um perfeito regulador das palavras e atos, porque é uma crônica viva dos erros que comete e dos esforços que faz para se corrigir. O jornal pode ajudá-lo também a se defender contra eventuais detratores, porque é tanto uma prova de suas capacidades quanto testemunho de suas atividades. Tudo isso faz dele um documento científico de grande valor.[29]

O TRIBUNAL DE ARBITRAGEM

Quando começa a discorrer sobre o tribunal, Korczak afirma que para alguns o espaço que dedicou em seu livro aos tribunais pode parecer demasiadamente importante, no entanto, ele argumenta que assim o fez, pois acredita que esses tribunais representam o primeiro passo para a emancipação da criança, a elaboração e a proclamação de uma Declaração dos Direitos da Criança. "Ela tem o direito de exigir que seus problemas sejam tratados com imparcialidade e seriedade. Até agora tudo dependia da boa ou má vontade do educador, do seu humor naquele dia. Realmente é tempo de se pôr fim a esse despotismo."[30]

A EDUCAÇÃO EM KORCZAK

O principal objetivo do tribunal era contribuir para que a justiça pudesse reinar no Lar, sendo a verdade sua maior aspiração. A função do tribunal é "vigiar para que a ordem seja respeitada porque a anarquia sempre fez sofrer as crianças tranquilas, boas e conscienciosas".[31] O tribunal deveria também defender a criança, impedindo que os mais fortes, insolentes e preguiçosos lhes fizessem algum mal. Para Wassertzug, o tribunal ajudou na vida em comum e na compreensão entre as crianças, assim como entre os adultos e os pequenos.

Para se queixar ao tribunal de arbitragem, a criança escrevia seu nome, o nome daquele que estaria sendo citado na justiça e o assunto de sua queixa em um quadro colocado em um local bastante visível e acessível a qualquer um. Todos, adultos e crianças, poderiam ser citados no tribunal. O próprio Korczak foi citado cinco vezes:

> Fui julgado cinco vezes. A primeira vez porque puxei as orelhas de um menino; a segunda pus para fora do dormitório um menino barulhento; a terceira, porque mandei um outro ficar de castigo no canto; a quarta, porque insultei um juiz; a quinta porque suspeitei que uma menina tivesse roubado. Nos três primeiros processos, fui julgado por causa do Artigo 21 [Art. 21 – O tribunal considera que A tinha o direito de agir, de se expressar assim]; no quarto processo, foi o Artigo 71 [Art. 71 – O tribunal perdoa A, porque está sinceramente arrependido do que fez]; e no último, foi usado o Artigo 7 [Art. 7 – O tribunal anota ter recebido o aviso do delito]. Para cada processo escrevi uma longa deposição.[32]

Como a citação acima indica diferentes artigos, o tribunal de arbitragem possuía seu próprio código, o **código do tribunal de arbitragem**, da qual os primeiros noventa e nove artigos, de um total de mil,[33] começavam por perdoar o acusado ou julgavam improcedência. O código abrangia todos os acontecimentos e fatores que possivelmente influiriam na criança e em seu comportamento. Segundo Wassertzug, o código do tribunal reflete a profunda compreensão, tolerância e humanismo de Korczak para com a criança:

> Se alguma criança agiu mal, começamos por perdoá-la. Porque se o fez por ignorância, de agora em diante, poderá agir com conhecimento de causa; se fez involuntariamente, procurará, no futuro, ser mais prudente;

75

se o fez porque não consegue se livrar dos maus hábitos, esperemos que da próxima vez consiga isso; se o fez por instigação de um companheiro, quem sabe, na próxima vez, não queira mais ouvir esse amigo.[34]

Ele ainda acrescenta que "tudo se passa como se o delito nunca tivesse existido; para encorajar o acusado a não mais recomeçar, o julgamento relembrará algumas coisas de seus erros".[35] O Artigo 100 indica uma condenação leve e o julgamento era inserido na curva dos delitos, o Artigo 200 representa a culpa, mas pede-se que não reincida, por sua vez, o Artigo 300 condena o sujeito e dessa vez exige que não cometa o delito novamente.

Já o Artigo 400 se refere a uma falta grave: "O Artigo 400 é a última tentativa para salvar o acusado da vergonha de uma condenação pública, é a última vez que chamam sua atenção".[36] Os Artigos 500, 600 e 700 representam o descontentamento do tribunal, bem como de toda a instituição em relação ao comportamento do citado. Embora a mensagem de insatisfação perante as atitudes dos julgados seja parecida, as sentenças desses artigos se agravam respectivamente. O sujeito que recebe o Artigo 500 como sentença tem seu nome publicado na primeira página do jornal do tribunal; o que recebe o Artigo 600 tem as iniciais de seu nome afixado no quadro do tribunal e aquele em que a sentença é o Artigo 700 recebe as mesmas medidas punitivas do Artigo 600 e o texto da condenação é enviado à sua família.

Com o Artigo 800 o tribunal se declara impotente diante das atitudes do sujeito e lhe dá uma semana para que ele possa refletir. Neste prazo, ele não receberá nenhuma queixa, mas também não poderá se queixar contra ninguém. Sua sentença é publicada no jornal, afixada no quadro e enviada à família. Já o Artigo 900 declara a falta de confiança e de esperança que o acusado melhore e indica o desejo do tribunal para que o referido réu deixe a instituição. Entretanto, alguém ainda pode se responsabilizar por ele como seu tutor, seja alguma criança ou um educador. Neste caso, é o tutor quem responde diante do tribunal pelas faltas de seu tutorado. E, por último, o Artigo 1000 expulsa o culpado do Lar, que poderá pedir retorno após três meses de sua expulsão.

O tribunal tem uma sessão semanal, e o julgamento é realizado pelas próprias crianças. Os **juízes** que compõem o tribunal e julgam as causas são escolhidos através de um sorteio entre as crianças que não tenham sido motivo de queixa na semana anterior. Era necessária, em média, uma criança para cada dez queixas. No entanto, caso o número de crianças sem processos na semana anterior fosse inferior ao número de juízes necessários, todas as crianças participavam do sorteio para designar os grupos de juízes de maneira que elas não julgassem o próprio processo.

Os julgamentos já resolvidos eram inseridos em um livro e então lidos em voz alta na presença de todas as crianças. Aqueles que não concordassem com a sentença poderiam apelar após um mês da data do julgamento.

Além dos juízes, o sistema judicial do Lar das Crianças contava ainda com um **conselho jurídico** e um **secretário**. O conselho era representado pelo educador e dois juízes eleitos por meio do voto secreto, sendo estes últimos alterados a cada três meses também através do voto secreto. Além dos julgamentos, era responsabilidade do conselho criar leis obrigatórias para todos. Como havia a possibilidade de que os juízes integrantes do conselho fossem um dia réus, havia dois suplentes que poderiam substituir um dos três juízes titulares. Já o secretário não julgava, mas recolhia as deposições das testemunhas e as lia durante as deliberações do conselho, pois ele também "é o responsável pelo quadro do tribunal, pelo livro das deposições e veredítos, pela lista e pelos fundos de reembolso para os estragos feitos; e é ele quem traça a curva das sentenças e redige o jornal do tribunal".[37]

O tribunal zelava pela manutenção da ordem. Korczak sublinha que, ainda que o tribunal perdoasse a criança, seu intuito era também fazê-la compreender que sua conduta não era adequada e deveria mudar. Ele ainda poderia intervir a seu favor junto ao conselho, para que esse lhe permitisse desobedecer ao regulamento algumas vezes, caso para essa criança fosse algo muito difícil de cumprir. Além disso, o conselho estipulava um prazo para que ela tentasse se corrigir.

Para Korczak, embora os homens convivam juntos, eles não se parecem. Diferentes tipos físicos e personalidades convivem entre si sob diferentes circunstâncias. É pensando nessas diferenças que o tribunal também vigiava pelo respeito à pessoa humana:

> O tribunal vigia para que o grande não maltrate o pequeno, e que este não importune o grande, que um esperto não explore um boa-fé, e que um engraçadinho não faça brincadeiras com um que não gosta de bancar

> o palhaço; que um menino de mau gênio não procure brigas e discussões, mas que também os outros tratem de não provocá-lo à toa.
>
> O tribunal deve vigiar para que todas as crianças disponham do que precisam e que não tenham razão para ficar triste ou enraivecidas.[38]

Deste modo, o tribunal podia tanto perdoar como também declarar a criança errada quando se comportava de determinada maneira, julgando sua falta como grave ou muito grave.

O direito à propriedade também era protegido pelo tribunal. Aquilo que é de uso comum – o jardim, o pátio, a casa, paredes, janelas, escadas, lareiras, vidraças, mesas, bancos, armários, cadeiras – devia ser bem cuidado, caso contrário, ficaria sujo, quebrado ou estragado. "A mesma coisa acontece com os capotes, trajes, bonés, lenços, guardanapos, colheres, facas: quantas perdas quando são quebrados, rasgados, perdidos? E os livros, cadernos, canetas, brinquedos? Eles também merecem ser respeitados e não devem ser estragados." [39] Os responsáveis pelos estragos, por sua própria iniciativa, dirigiam-se ao tribunal que decidiria se o culpado devia reparar o que fez ou se poderia apelar para o fundo especial de reembolso cujo administrador era o próprio tribunal; essa mesma atitude era tomada em relação à propriedade privada da criança.

Poderia ocorrer de o responsável não se apresentar para o julgamento, neste caso então, uma investigação ajudaria a descobri-lo. No entanto, "espionar, suspeitar, inquirir é tão desagradável! Então, no caso de o culpado permanecer desconhecido, abre-se um processo contra X".[40] Sendo assim, era feito o julgamento e o veredito, afixado no quadro do tribunal. Tratava-se de uma falta que desonrava toda a instituição, em sinal de luto, então, o conselho costurava uma fita preta no estandarte do Lar.

Em um orfanato com mais de uma centena de crianças havia algumas que tinham dificuldades em seguir o regulamento, ainda que este tenha sido elaborado por elas mesmas. Por esse motivo, foram criados os **casos especiais**, em que o conselho jurídico tinha o direito de declarar qualquer caso como "caso especial" até que o próprio interessado decidisse que não o era mais. Era ainda de responsabilidade do conselho a decisão de afixar a lista com seus nomes no quadro do tribunal.

Korczak explicou a curva das sentenças, da qual o conselho jurídico se encarregava, comparando-o a um boletim de saúde que o paciente doente tem ao pé da cama. Por meio dela era possível verificar a saúde moral do orfanato: "Assim, se o tribunal fez quatro julgamentos segundo o Artigo 100 (100x4 = 400), seis segundo o Artigo 200 (200x6 = 1.200) e um conforme o Artigo 400, o total será 400 + 1.200 + 400 = 2.000, nós notaremos que a curva das sentenças da semana subiu a 2.000".[41]

O tribunal de arbitragem foi apenas uma das muitas tentativas de se modificar a maneira de julgar os iguais, diz Korczak. Os adultos também possuem seus tribunais em que as punições são diversas: multas, detenções, prisões, entre outras. Ele ainda acentua que estas nem sempre são justas, ora são muito indulgentes, ora muito severas e sujeitas a erros. Nas escolas, é o professor quem faz a justiça sendo ele o juiz. "Suas cóleras nem sempre são justificadas e suas sanções nem sempre são justas."[42] No Lar das Crianças optou-se por instituir um tribunal composto e organizado pelas crianças, sendo este responsável tanto pela culpabilidade como pela inocência do sujeito citado. Como se viu, caso fosse considerado culpado, o tribunal podia perdoá-lo ou não. Korczak também salienta que seu processo de construção e aceitação foi lento e penoso.

> "O tribunal não serve para nada porque as crianças não têm medo dele, porque não se importam com ele" – ouvir isso era realmente penoso, e eu me perguntava se era válida a existência dessa instituição. Salientamos que isso acontecia num internato onde os castigos não existiam oficialmente. [...]
> Aliás, observei uma coisa interessante: se, no começo, os juízes tinham a tendência a não levar a sério as queixas dos meninos pequenos, mesmo aquelas referentes a surras, apelidos ofensivos etc... compreenderam logo que a gravidade de um caso deveria ser considerada conforme o sofrimento da vítima, o sentimento que tinha de ter sido injustiçada.[43]

Entretanto, a partir do acompanhamento das atividades do tribunal, da atenção dada às queixas das crianças assim como suas reações, Korczak pôde compreender profundamente o universo infantil. Observou atento às seções e à divulgação das sentenças, aprendendo sobre sua dor, mágoa, ódio, tristeza e felicidade nesses momentos. "Muitas vezes um processo me fazia conhecer melhor uma criança que vários meses de contato cotidiano com ela. Como secretário do tribunal pude estudar as minúcias desse mundo à parte que é o mundo das crianças. Procurando me aperfeiçoar sempre, tornei-me um *expert*."[44]

Em *Como amar uma criança*, Korczak registra alguns conflitos que foram levados a julgamento. Citam-se alguns desses conflitos:

Julgamento 21 – É proibido fazer barulho do dormitório. Mas alguém desarrumou a sua cama e ele se zangou violentamente. Artigo 5 [Art. 5 – Prevendo que esse delito brevemente não ocorrerá mais, o tribunal renuncia ao julgamento].
[...]
Julgamento 63 – Os meninos tinham o hábito de dar a um deles apelidos ofensivos. No começo sofreu muito. Depois se acostumou. Não podia bater e brigar com todos os outros. Logo depois organizamos o tribunal. Ele resolveu que iria depositar uma queixa contra o mais cruel dos seus perseguidores. Um mês se passou. Nós o convocamos: "Eles agora caçoam menos de você?" – "Sim, bem menos". E o tribunal, que soube defendê-lo, teve direito a ganhar um sorriso de agradecimento.
[...]
Julgamento 172 – Ele subiu numa árvore para provar ao amigo que conseguia fazê-lo. Mas logo depois, como sabia que isso era proibido, foi se denunciar ao tribunal. Artigo 20 [Art. 20 – O tribunal considera que A apenas cumpriu seu dever (agiu como deveria agir)].
[...]
Julgamento 238 – Alguns acharão talvez que esta história é cômica: dois meninos foram ao banheiro e um molhou o outro sem querer. O que foi molhado, para se vingar, fez suas necessidades bem em cima do desajeitado. Artigo 200 [Art. 200 – O tribunal acha que A errou fazendo o que fez].[45]

Para ele, o papel do tribunal era o de estabelecer uma ordem no relacionamento entre os homens, porém, não podia fazer milagres. Apesar disso, as ameaças e surras também não seriam soluções milagrosas para os problemas.

O que o tribunal pode fazer é garantir a cada um o direito de dizer:
– A partir de amanhã, prestarei atenção às aulas. Quero me livrar dos meus defeitos.
E se algum menino quiser impedi-lo, ele poderá citá-lo no tribunal.
Um exemplo:
Uma criança brigona resolve que não vai mais provocar os outros. Alguns procurarão provocá-la. Uma criança que está decidida realmente a não brigar mais e denuncia seus agressores nem sempre será amada pelos

outros. Pode mesmo acontecer que ela própria seja acusada de má-fé por aqueles de quem se queixou. Ela pode ficar tranquila: o tribunal saberá o que pensar a respeito.[46]

Após um ano de funcionamento do tribunal, Korczak tece algumas considerações acerca dessa experiência. A princípio, constatou que o tribunal, em determinado ponto, passou a ser considerado ou uma brincadeira, ou um meio cômodo de se resolver os problemas quando as soluções não eram encontradas de imediato. "A antiga fórmula 'deixe-me em paz' era substituída por uma nova: 'Vá se queixar ao tribunal'."[47] Havia muitas queixas sem necessidade, com conflitos insignificantes. No entanto, com o tempo as crianças passaram a compreender que a gravidade do caso estava relacionada conforme o sentimento da vítima, como já citado.

Neste sentido, Korczak também comenta ter conhecido o tipo de criança inadaptada, antissocial, que se recusa a render seus gostos e hábitos aos da comunidade e à vida coletiva. Algumas crianças não suportavam o tribunal: "– Odeio o tribunal, prefiro que me batam, prefiro seja lá o que for, menos o tribunal. Eu o odeio, não posso suportá-lo. Não quero processar ninguém e também não quero ser processado".[48]

Quanto às sentenças, Korczak escreve que eram sempre muito leves, nenhuma delas ia além do Artigo 400. Para ele, um tribunal de arbitragem não era um tribunal criminal, juízes e acusados eram conhecidos e compartilhavam interesses em comum, e aplicar sentenças severas era algo muito difícil, que possivelmente traria consequências desagradáveis. "O tribunal provoca divisão de sentimentos. Ao lado dos inimigos ou dos partidários incondicionais do sistema, a grande maioria acreditava na sua utilidade achando, entretanto, que era necessário que fossem feitas algumas modificações."[49]

Korczak comenta que por vezes ouviu que o tribunal desenvolvia na criança "mania de processo"; ele, todavia, afirma que durante este primeiro ano de experiência não encontrou provas que pudessem justificar essa tese de "mania de processo".

> [...] pelo contrário, muitos fatos parecem provar que o tribunal ensina à criança como essa "mania" pode ser desconfortável, tola e nociva. Acho que a influência do tribunal ajudou a realização de um trabalho considerável: a conscientização das condições e das leis da vida em comunidade.[50]

No primeiro ano, foram realizados 3.500 julgamentos, entre 50 a 130 por semana. Conforme Korczak:

> Afirmo que esses processos foram a pedra angular da minha própria educação. Fizeram de mim um educador "constitucional" que não maltrata as crianças, não porque goste delas ou lhes tem afeição, mas porque existe uma instituição que as protege contra a ilegalidade, o arbítrio e o despotismo do educador.[51]

O PARLAMENTO

Após dois anos de funcionamento do tribunal de arbitragem, instituiu-se o parlamento, e com ele a possibilidade de uma autogestão do Lar das Crianças. O parlamento contava com vinte deputados, composto por crianças eleitas através do voto secreto. O eleitorado era dividido em grupos de cinco pessoas, e para que pudesse ser eleito eram necessários quatro votos sendo apenas elegível aquele que nunca tivesse sido condenado por desonestidade, o que incluía roubo e trapaças. Segundo Korczak, as principais atribuições do parlamento era a aprovação ou rejeição das leis propostas pelo conselho jurídico, o estabelecimento do calendário (que instituíam algumas datas festivas durante o ano) e a concessão dos cartões de lembranças.[52] As crianças se dirigiam ao parlamento com pedidos diversos. Cada assunto era devidamente estudado, enquanto a criança aguardava uma resposta.

> Se é da competência do tribunal decidir a expulsão de um aluno, o parlamento espera que qualquer decisão concernente à aceitação de um novo aluno ou o afastamento de um adulto (os empregados inclusive) seja submetida a sua aprovação. Precisamos ser prudentes: as atribuições do parlamento devem ser ampliadas gradualmente e com seriedade, as limitações e empecilhos podem ser numerosos, mas nítidos e sinceros. Se fosse de outra maneira, seria melhor não pensarmos nem em eleições, nem em autonomia.[53]

A EDUCAÇÃO EM KORCZAK

A AUTOGESTÃO: MARCA INTEGRANTE DE SEU IDEAL PEDAGÓGICO

Diante dos diferentes princípios pedagógicos anteriormente mencionados, vimos que Korczak defendeu a autogestão, pois acreditava que toda autoridade que não consegue se expor diante do grupo com transparência tende a ser autoritária. Ele também reconheceu que por sentirem de perto seus problemas, crianças e adolescentes poderiam, melhor do que ele, vislumbrar as possíveis soluções. Diferente de muitos educadores de sua época, Korczak defendeu a importância das relações democráticas que se estabelecem no processo educativo.

> Todos esses métodos tinham um sentido educativo: a autonomia infantil. Através desses métodos as crianças aprendiam não só a autogestão institucional, mas, concretamente, podiam compreender a ideia de justiça, de respeito aos outros, de responsabilidade, bem como entender as normas da vida coletiva. [...] Como os educadores socialistas da época, Korczak não dicotomizava trabalho intelectual e trabalho manual.[54]

A linha de pensamento que influenciou suas concepções pedagógicas adveio de diversos autores contemporâneos ao seu tempo. Por exemplo, ao mesmo tempo em que criticou o excesso de autoridade e condução das crianças de Froebel, reconhecia a importância da disciplina. Inspirou-se, também, nos ideais montessorianos, no entanto, não concordava com o excesso de liberdade dada às crianças dentro dessa concepção pedagógica.[55] Korczak conheceu e analisou o trabalho pedagógico de muitos teóricos de seu período e, paulatinamente, foi instituindo no Lar das Crianças suas concepções. Ele tentou manter uma relação equilibrada, porém por vezes conflituosa, entre liberdade e autoridade.

A regra fundamental de Korczak era de que à criança tivesse garantido o direito ao respeito que lhe é devido, que pudesse ser o que é e viver plenamente o seu presente, desfrutando de momentos em que tenha a liberdade de expressar o que sente, assim como a infância deveria ser.

> Korczak trouxe uma verdadeira revolução para a educação. Entendeu o "mundo da criança", sua sensibilidade, seus sentimentos, suas reações. Penetrou fundo no âmago da alma infantil e via a criança como um ser humano incompreendido. Clamou em todos os momentos de sua vida sobre o direito e a dignidade da criança, mostrando que as escolas não

respeitavam esses direitos e que todo sistema educacional contemporâneo deveria ser mudado. [...] Mostrou que as crianças eram vítimas de um regime despótico e ignorante das necessidades essenciais da alma humana. Ensinou-lhes a se autodefenderem e a compreenderem a importância da cooperação coletiva. Para Korczak, melhorar o mundo importava em reeducar o homem.[56]

Seus pressupostos pedagógicos mostram a importância de favorecer à criança a autonomia do pensamento, e indicam que nós, enquanto educadores, precisamos promover uma educação que, pautada no respeito, amor e compreensão, fomente a emancipação do sujeito de forma que essa criança possa se desenvolver integralmente, compreendendo as questões que estão postas no mundo e como nele viver.

NOTAS

[1] J. Korczak, *Como amar uma criança*, Rio de Janeiro, Paz e Terra, 1997, 313-4.

[2] L. Monteiro, *Educação e direitos da criança: perspectiva histórica e desafios pedagógicos*, dissertação (mestrado em Educação) – Instituto de Educação e Psicologia, Universidade do Minho, Minho, 2006, p. 76.

[3] Idem, pp. 77-8.

[4] G. Gonçalves, *A criança como sujeito de direitos: um panorama da produção acadêmica brasileira (1987–2013)*, dissertação (mestrado em Educação), Universidade Federal de Santa Catarina, Florianópolis, 2015.

[5] M. Gadotti, "Janusz Korczak precursor dos direitos da criança", em *The Sixth International Janusz Korczak Conference*, Western Galilee, pp. 15-7, dez. 1998.

[6] M. A. de R. Peroza, "Infância, educação e dignidade humana: considerações sobre os processos educativos da criança", em *Práxis Educativa*, Ponta Grossa, v. 13, n. 1, pp. 48-66, jan./abr. 2018.

[7] P. P. Grzybowski, "Introdução. Janusz Korczak – como amar o mundo", em J. Korczak, *A sós com Deus – orações dos que não oram*, Bragança Paulista, Comenius, 2007, p. 14.

[8] Idem, p. 15.

[9] L. Monteiro, *Educação e direitos da criança: perspectiva histórica e desafios pedagógicos*, dissertação (mestrado em Educação) – Instituto de Educação e Psicologia, Universidade do Minho, Minho, 2006, p. 78.

[10] J. Korczak, *Como amar uma criança*, Rio de Janeiro, Paz e Terra, 1997, pp. 310-1.

[11] Idem, p. 307.

[12] Abrigo onde Korczak conheceu Stefa e que frequentava com bastante regularidade.

[13] A. C. R. Marangon, *Janusz Korczak, precursor dos direitos da criança: uma vida entre obras*, São Paulo, Unesp, 2007, p. 91.

[14] J. Korczak, *Como amar uma criança*, Rio de Janeiro, Paz e Terra, 1997, p. 312-3.

[15] Idem, p. 314.

[16] Idem, ibidem.

[17] Idem, p. 315.

[18] Idem, p. 316.

[19] Idem, p. 317.

[20] Idem, p. 318.

[21] Idem, p. 321.

[22] Idem, p. 323.

[23] Idem, p. 325.

[24] Idem, p. 326.

[25] Idem, p. 328.

A EDUCAÇÃO EM KORCZAK

[26] Idem, p. 329.
[27] Idem, p. 330.
[28] Idem, pp. 331-2.
[29] Idem, p. 332.
[30] Idem, ibidem.
[31] Idem, p. 333.
[32] Idem, p. 380.
[33] O código possuía vários artigos que não chegaram a ser escritos.
[34] J. Korczak, *Como amar uma criança*, Rio de Janeiro, Paz e Terra, 1997, p. 332.
[35] Idem, pp. 337-8.
[36] Idem, p. 338.
[37] Idem, p. 334.
[38] Idem, p. 335.
[39] Idem, p. 336.
[40] Idem, p. 337.
[41] Idem, p. 340.
[42] Idem, p. 346.
[43] Idem, p. 374.
[44] Idem, p. 375.
[45] Idem, pp. 351-4.
[46] Idem, pp. 356-7.
[47] Idem, p. 373.
[48] Idem, p. 376.
[49] Idem, p. 378.
[50] Idem, p. 380.
[51] Idem, ibidem.
[52] Cartões que eram considerados uma forma de demonstrar a atenção dada às boas ou más ações da criança, a um hábito gentil ou rude. Representava, ainda, uma demonstração de afeição à criança que os ganhava. Conforme descreve Korczak (1997), um cartão é na verdade uma importante recordação que algumas crianças podem perder ao longo da vida, enquanto outras o guardarão para sempre.
[53] J. Korczak, *Como amar uma criança*, Rio de Janeiro, Paz e Terra, 1997, p. 381.
[54] M. Gadotti, "Janusz Korczak precursor dos direitos da criança", em *The Sixth International Janusz Korczak Conference*, Western Galilee, pp. 15-7, dez. 1998.
[55] Idem, ibidem.
[56] J. Arnon, *Quem foi Janusz Korczak?*, São Paulo, Perspectiva, 2005, pp. 11-2.

CONTRIBUIÇÕES PARA A INFÂNCIA E A EDUCAÇÃO

Neste capítulo são analisadas as contribuições de Korczak para pensar a infância a partir da perspectiva dos direitos da criança, englobando os aspectos da sua concepção de educação que inspiraram a elaboração da "Declaração universal dos direitos da criança", de 1959. Para tanto, é analisado o documento em questão, apontando as aproximações com os ideais pedagógicos de Korczak, já descritos no capítulo anterior. Além disso, são revisados autores como Gonçalves (2015), Marangon (2007), Bobbio (1992), Rosemberg e Mariano (2010), Miranda (1999), Comparato (2001), Gadotti (1998), inclusive Korczak (1986 e 1997), que se propuseram a pesquisar o tema acerca dos direitos da criança e seus respectivos marcos legais situados ao longo da história.

Ainda neste capítulo também são analisadas as aproximações entre as concepções pedagógicas de Korczak descritas no capítulo anterior e os pressupostos pedagógicos do educador francês Célestin Freinet (1896-1966), a saber: a aula-passeio, o jornal, o texto livre, o livro da vida, a correspondência interescolar, o jornal mural (ou reunião de cooperativa). Nesse sentido, os estudos de Amorim, Castro e Silva (2012), Kanamaru (2014), Libâneo (1985), Freinet (1979), Couto (2015) e Souza (1996) darão suporte a esta análise.

CONTRIBUIÇÕES DE KORCZAK PARA A ELABORAÇÃO DA "DECLARAÇÃO UNIVERSAL DOS DIREITOS DAS CRIANÇAS" DE 1959

Em sua obra *Como amar uma criança*, Korczak afirmou que o tribunal de arbitragem e seu código – que vimos no capítulo anterior – eram de grande importância, pois via neles o primeiro passo tanto para a emancipação da criança quanto para a proclamação de uma Declaração dos Direitos da Criança, visto que ela tem o direito de exigir que seus problemas sejam tratados com seriedade. Nesse sentido, o tribunal foi capaz de tornar real essa causa, quando analisou e julgou cada caso com imparcialidade, buscando compreender a ação da criança e aquilo que a motivou a cometer determinada falta no contexto do Lar das Crianças.

O profundo respeito que dedicou à criança, a compreensão a ela devotada e todo seu trabalho e obra foram determinantes no reconhecimento de Korczak como pioneiro na luta pelo direito da criança. Este primeiro passo que ele vislumbrou aconteceu alguns anos mais tarde, pois sua obra, de alguma forma, inspirou a elaboração da "Declaração universal dos direitos da criança", proclamada em 20 de novembro de 1959 pela Organização das Nações Unidas (ONU), num contexto pós-guerra. A Declaração "consubstancia uma série de princípios segundo os quais entende a comunidade internacional que devem se pautar todos os países, em relação às crianças e aos adolescentes".[1] Alguns anos antes, em 1924, suas ideias também serviram de inspiração para a "Declaração de Genebra" (1924), que por sua vez foram fonte para a Declaração de 1959.

De acordo com Gonçalves, a criança começa a adquirir certa visibilidade após a Primeira Guerra Mundial (1914-1918), e sua relevância social e política começam, então, a emergir.[2] A autora também afirma que foi a partir da premissa da "Declaração de Genebra" (1924) que a criança assume uma posição de prioridade. Esta Declaração foi resultado de uma proposta preliminar da organização Save the Children International, redigida por Eglantyne Jebb em 1923.[3] A "Declaração de Genebra" aponta cinco princípios:

> a criança tem o direito de se desenvolver de maneira normal, material e espiritualmente; 2. a criança que tem fome deve ser alimentada; a criança doente deve ser tratada; a criança retardada deve ser encorajada; 3. o órfão e o abandonado devem ser abrigados e protegidos; 4. a criança deve ser preparada para ganhar sua vida e deve ser protegida contra todo tipo de exploração; 5. a criança deve ser educada dentro do sentimento de que suas melhores qualidades devem ser postas a serviço de seus irmãos.[4]

Como se nota, a criança passa a dispor de direitos que envolvem a preocupação com seu desenvolvimento, assim como a necessidade de cuidados básicos como alimentação, saúde, proteção e educação. Todavia, Korczak afirma que a "Declaração de Genebra" confundiu "as noções de direito e de dever: o tema da declaração salienta a solicitação e não a exigência. É um apelo à boa vontade, um pedido de compreensão".[5] Para Korczak, a criança é um sujeito portador de direitos que devem ser exigidos, não apenas solicitados. De qualquer forma, a "Declaração de Genebra" não causou o grande impacto necessário para o pleno reconhecimento internacional dos direitos da criança, consequência, talvez, do panorama histórico de guerras vigente neste período.

O reconhecimento das crianças como sujeitos de direitos está vinculado às profundas transformações históricas e sociais, principalmente após a Segunda Guerra Mundial (1939-1945), que deixou um número alarmante de vítimas, cerca de 60 milhões de pessoas mortas, além de fomentar os abusos que alguns países cometeram contra os direitos humanos. As crianças também sofreram as consequências do pós-guerra, milhares delas ficaram órfãs, abandonadas, sem condições mínimas de subsistência. Condições estas que violavam diretamente os princípios dispostos na "Declaração de Genebra", o que demonstrou a urgente necessidade de proteção universal das crianças.

Diante da caótica situação no cenário pós-guerra, a sociedade civil organizada sentiu a necessidade de criar um órgão que fosse capaz de regular a vida social do mundo. Assim, em 1945, foi criada a Organização das Nações Unidas (ONU), cujo intuito era

> [...] organizar a sociedade política mundial do pós-guerra, buscando a defesa da dignidade humana e da soberania dos povos. Deveriam integrar a Organização das Nações Unidas todos os países do globo preocupados em defender a integridade de seu território e segurança de seus cidadãos.[6]

Em 1946, em meio a esse contexto de guerras e atrocidades às quais as crianças eram mais vulneráveis, foi criado o Fundo das Nações Unidas (Unicef) para auxiliar aquelas que sofriam com a guerra. Mais tarde, o Unicef passou a objetivar a promoção da defesa dos direitos da criança. Dois anos mais tarde, em 1948, a ONU publicou a "Declaração universal dos direitos humanos", que, de acordo com Comparato, ao retomar os ideais da Revolução Francesa (1789-1799), representou o reconhecimento dos valores supremos de igualdade, liberdade e fraternidade entre os homens.[7] Bobbio afirma que a Declaração representa um consenso sobre um sistema de valores fundado pelos homens.

Somente depois da Declaração Universal é que podemos ter a certeza histórica de que a humanidade – toda a humanidade – partilha alguns valores comuns; e podemos, finalmente, crer na universalidade dos valores, no único sentido em que tal crença é historicamente legítima, ou seja, no sentido em que universal significa não algo dado objetivamente, mas algo subjetivamente acolhido pelo universo dos homens.[8]

O autor ainda recorda que os direitos do homem, visto que são direitos históricos, teriam sido constituídos paulatinamente, conforme as transformações das condições da vida humana. Ele também afirma que, enquanto direitos históricos, eles são mutáveis, estando suscetíveis a transformações e ampliações. "A Declaração Universal, inserida em seu tempo e em seu lugar de produção, elenca os direitos do homem histórico, os valores fundamentais que se configuravam nas mentes de seus redatores, na segunda metade do século XX."[9]

Nesse sentido, como parte do processo histórico, a comunidade internacional busca garantir os direitos citados na Declaração Universal bem como ampliá-los, assim, aperfeiçoando-os. No processo de desenvolvimento dos Direitos Humanos a Declaração de 1948 estabeleceu uma base geral sobre a qual direitos específicos passaram a ser construídos. A "Declaração universal dos direitos da criança", a exemplo dessas construções de direitos específicos, foi adotada pela Assembleia Geral da ONU em 20 de dezembro de 1959. "Seus dez princípios proclamam uma infância feliz, que desfrute de direitos e liberdades. Desse modo, direitos como igualdade, desenvolvimento pessoal global, cidadania, amor, compreensão, educação, lazer e proteção permeiam a construção de todo o documento."[10]

Os dez princípios contidos na "Declaração universal dos direitos da criança" são:

Princípio 1
A criança gozará todos os direitos enunciados nesta Declaração. Todas as crianças, absolutamente sem qualquer exceção, serão credoras destes direitos, sem distinção ou discriminação por motivo de raça, cor, sexo, língua, religião, opinião política ou de outra natureza, origem nacional ou social, riqueza, nascimento ou qualquer outra condição, quer sua ou de sua família.
Princípio 2
A criança gozará proteção social e ser-lhe-ão proporcionadas oportunidades e facilidades, por lei e por outros meios, a fim de lhe facultar o

CONTRIBUIÇÕES PARA A INFÂNCIA E A EDUCAÇÃO

desenvolvimento físico, mental, moral, espiritual e social, de forma sadia e normal e em condições de liberdade e dignidade. Na instituição das leis visando este objetivo levar-se-ão em conta, sobretudo, os melhores interesses da criança.

Princípio 3

Desde o nascimento, toda criança terá direito a um nome e a uma nacionalidade.

Princípio 4

A criança gozará os benefícios da previdência social. Terá direito a crescer e criar-se com saúde; para isto, tanto à criança como à mãe serão proporcionados cuidados e proteções especiais, inclusive adequados cuidados pré e pós-natais. A criança terá direito a alimentação, recreação e assistência médica adequadas.

Princípio 5

Às crianças incapacitadas física, mental ou socialmente serão proporcionados o tratamento, a educação e os cuidados especiais exigidos pela sua condição peculiar.

Princípio 6

Para o desenvolvimento completo e harmonioso de sua personalidade, a criança precisa de amor e compreensão. Criar-se-á, sempre que possível, aos cuidados e sob a responsabilidade dos pais e, em qualquer hipótese, num ambiente de afeto e de segurança moral e material, salvo circunstâncias excepcionais, a criança da tenra idade não será apartada da mãe. À sociedade e às autoridades públicas caberá a obrigação de propiciar cuidados especiais às crianças sem família e àquelas que carecem de meios adequados de subsistência. É desejável a prestação de ajuda oficial e de outra natureza em prol da manutenção dos filhos de famílias numerosas.

Princípio 7

A criança terá direito a receber educação, que será gratuita e compulsória pelo menos no grau primário. Ser-lhe-á propiciada uma educação capaz de promover a sua cultura geral e capacitá-la a, em condições de iguais oportunidades, desenvolver as suas aptidões, sua capacidade de emitir juízo e seu senso de responsabilidade moral e social, e a tornar-se um membro útil da sociedade.

Os melhores interesses da criança serão a diretriz a nortear os responsáveis pela sua educação e orientação; esta responsabilidade cabe, em primeiro lugar, aos pais.

A criança terá ampla oportunidade para brincar e divertir-se, visando os propósitos mesmos da sua educação; a sociedade e as autoridades públicas empenhar-se-ão em promover o gozo deste direito.

Princípio 8

A criança figurará, em quaisquer circunstâncias, entre os primeiros a receber proteção e socorro.

Princípio 9

A criança gozará de proteção contra quaisquer formas de negligência, crueldade e exploração. Não será jamais objeto de tráfico, sob qualquer forma.

Não será permitido à criança empregar-se antes da idade mínima conveniente; de nenhuma forma será levada a ou ser-lhe-á permitido empenhar-se em qualquer ocupação ou emprego que lhe prejudique a saúde ou a educação ou que interfira em seu desenvolvimento físico, mental ou moral.

Princípio 10

A criança gozará de proteção contra atos que possam suscitar discriminação racial, religiosa ou de qualquer outra natureza. Criar-se-á num ambiente de compreensão, de tolerância, de amizade entre os povos, de paz e de fraternidade universal e em plena consciência que seu esforço e aptidão devem ser postos a serviço de seus semelhantes.[11]

Esta Declaração, além de se configurar como o primeiro instrumento internacional específico, representa um marco na luta pelos direitos da criança e no reconhecimento dela como um sujeito detentor de tais direitos. Em 1979, em comemoração aos 20 anos da publicação da "Declaração universal dos direitos da criança", foi estabelecido o Ano Internacional da Criança, "conferindo visibilidade à infância na sociedade e, por conseguinte, nos debates e estudos acadêmicos brasileiros".[12] Ainda nesse ano, a Comissão dos Direitos Humanos das Nações Unidas iniciou a elaboração do projeto de Convenção Internacional sobre os Direitos das Crianças, que foi efetivado apenas dez anos mais tarde, devido à complexidade em relação à elaboração do projeto que consistia na construção de um documento universal que acatasse os interesses globais a favor da defesa dos direitos das crianças.

Proclamada pela Assembleia Geral das Nações Unidas em novembro de 1989, em Nova York (EUA), a Convenção Internacional sobre os Direitos das Crianças homenageou Janusz Korczak, reconhecendo a criança, até os 18 anos, como portadora de direitos e liberdades inscritos na Declaração dos Direitos Humanos. O documento foi assinado por 193 países, incluindo o Brasil. Foi também traduzido para alguns idiomas como o árabe, chinês, espanhol, inglês, francês e russo. Nesse sentido, a Convenção Internacional sobre os Direitos das Crianças

> [...] é o primeiro documento a articular os diferentes aspectos de direitos relevantes para a criança: econômicos, sociais, culturais e políticos, sendo também o primeiro instrumento internacional a reconhecer explicitamente que a criança é um sujeito de direitos.
> Assim, a Convenção Internacional sobre Direitos das Crianças de 1989 surge não só como instrumento complementar da Declaração Universal dos Direitos das Crianças de 1959, mas como um marco importante, tomando os dez princípios desta última como referência para a afirmação de obrigações e compromissos assumidos ao longo dos 54 artigos dispostos no documento, o qual é considerado o instrumento normativo mais importante nesta luta em prol dos direitos das crianças.[13]

A Declaração de 1959 estabelece cláusulas que asseguram igualdade entre as crianças – independentemente de sua cor, raça, religião, nacionalidade, idioma, sexo, opiniões políticas, origem social, posição econômica ou qualquer outra condição inerente à própria criança ou à sua família –, indicam a necessidade de se criar meios que conduzam ao pleno desenvolvimento infantil, compreendem a educação como responsável pela formação cultural geral da criança, pelo desenvolvimento das aptidões de habilidades e competências, e pela formação de cidadãos responsáveis e aptos ao convívio em sociedade. A Declaração também assegura à criança o direito ao amor, à compreensão, à diversão e à brincadeira. Neste sentido, é possível fazer algumas aproximações das ideias de Korczak que podem ter contribuído para a "Declaração dos direitos das crianças".

O DIREITO DA CRIANÇA AO RESPEITO E AO AMOR

Korczak buscou conduzir a prática pedagógica do orfanato em direção ao respeito pela criança e sua compreensão. O trabalho do educador deveria estar pautado no respeito por ela e, nesse sentido, para o autor, a criança está descobrindo um mundo que ainda não conhece. Sendo assim, a orientação do educador é de suma importância, especialmente para as crianças órfãs que não podiam contar com o apoio familiar. Como inscrito na Declaração de 1959, a criança tem direito à educação, assim como a se desenvolver física, intelectual e emocionalmente.

Quando se implementou o tribunal e o código no Lar das Crianças, como descrito no capítulo anterior, muitos internos se rebelaram diante dos novos instrumentos educativos. No entanto, aos poucos, compreenderam a função do tribunal e do código – valorizar a verdade e a justiça –, pois, em resposta ao comportamento de resistência, receberam respeito pela sua opinião, paciência com seu temperamento e suas atitudes.

Ao compilar alguns direitos infantis presentes nas obras de Korczak, Betty Jean Lifton, em seu livro *The King of Children*, pontua alguns deles:

> A criança tem o direito de ser amada.
> A criança tem direito ao respeito.
> A criança tem direito a viver no presente.
> A criança tem direito de ser ela ou ele mesmo.
> A criança tem direito a ser admirada pelo que ela é.[14]

Embora tenha o direito de ser amada, Korczak não defende um amor sem limites, um amor que signifique deixar a criança a mercê de suas próprias vontades. A figura do adulto, seja um familiar ou educador, é fundamental na vida da criança. O que Korczak repudiava eram o despotismo, o autoritarismo e a falta de respeito, de sensibilidade e amor em relação à criança.

> Devemos então permitir à criança que faça tudo o que quiser? Nunca: nos arriscamos a transformar um escravo que se aborrecia num tirano que se aborrece. Proibindo-lhe certas coisas nós permitimos que sua vontade se exerça, mesmo que seja apenas no sentido de autodisciplina, de renúncia; reduzindo seu campo de ação, encorajamos seu espírito inventivo, despertamos o espírito crítico, a faculdade de escapar a um controle abusivo. Isso vale alguma coisa no sentido de preparação para a vida. Enquanto com uma tolerância excessiva "em que tudo é permitido", onde o menor desejo é satisfeito, arriscamos, ao contrário, sufocar a vontade. Se no primeiro caso nós enfraquecemos a criança, no segundo a intoxicamos.[15]

Para Korczak, amar é educar, preparar a criança adequadamente para a vida em sociedade, construir regras, impor certos limites e saber dizer não. O direito a ser amada também está inscrito no Princípio VI da "Declaração universal dos direitos da criança", o qual prevê que ela possui o direito ao amor e à compreensão por parte dos pais e da sociedade: "A criança necessita de amor e compreensão, para o desenvolvimento pleno e harmonioso de sua personalidade; sempre que possível, deverá crescer com o amparo e sob a responsabilidade de seus pais, mas, em qualquer caso, em um ambiente de afeto e segurança moral e material".

Em sua obra *O direito da criança ao respeito*, Korczak comenta a respeito do tamanho da criança e critica o fato de que, por ser pequena e frágil, possa ser menosprezada pela sociedade. Há uma tendência em enaltecer o alto, o grande, o mais forte, e que este conseguiria realizar com maior êxito suas experiências em relação ao pequeno e fraco. Korczak ressalta como é difícil para a criança pequena ter de se esticar nas pontas dos pés para alcançar determinado objeto, ou como é fácil se perder em uma multidão já que, por ser pequena, é difícil enxergar e está-se mais suscetível a empurrões; é difícil também com suas pernas curtas acompanhar os passos largos dos adultos ou, ainda, como é incômodo perceber o mundo acontecer sobre a própria cabeça. Korczak alerta para a necessidade em respeitar a criança como ela é e quem ela é no presente, e pergunta:

> Em que o dia de hoje de nosso filho é menos precioso que seu amanhã? Se é por causa das dificuldades, amanhã haverá mais ainda. Uma tal atitude engendra uma espera eterna; quando, enfim, este amanhã chega, nós já estaremos pensando em outro amanhã. Desta maneira, a criança não é, mas será; não pode, mas poderá.[16]

Lifton aponta ainda outros direitos elencados das obras de Korczak:

> A criança tem o direito de ser levada à sério.
> A criança tem o direito a reclamar de uma injustiça.
> A criança tem direito a desejar, queixar-se e questionar.
> A criança tem direito à educação.[17]

Korczak afirma que os adultos não consideram relevantes as dúvidas e incertezas infantis, pois acreditam que a criança ainda tem muito o que viver e aprender com e sobre a vida. Ele ainda descreve que para ela o sofrimento de um cachorrinho abandonado, um cavalo machucado que está sem ferradura, o trabalho árduo de um operário, a fome de um companheiro, lhe causa grande pesar. Segundo o autor, a criança desconhece as hierarquias e ambições do mundo adulto.

> As dúvidas e incertezas infantis nos parecem tão desprovidas de seriedade...
>
> [...]
>
> Nós sentimos o esforço que custa cada passo que damos, o peso dos gestos interesseiros, a mesquinhez das nossas percepções e sensações. Já a criança corre e pula, olha em volta, espanta-se e faz perguntas, tudo isso espontaneamente, sem segundas intenções.
>
> [...]
>
> Basta pouca coisa para a criança sentir-se feliz, não há necessidade de providências especiais. Mas nós, apressados, levianamente ignoramos a sua presença. Menosprezamos a intensidade da sua vida e as alegrias que poderíamos proporciona-lhe com tanta facilidade.[18]

Em suas obras, há diferentes momentos que refletem as injustiças sofridas pelas crianças. "Quando é papai quem derrama o chá, mamãe diz que não faz mal; quando sou eu, levo uma bronca."[19] Ou, então, o sentimento de injustiça (e constrangimento) percebido pelo garoto de *Quando eu voltar a ser criança* quando é repreendido pelo diretor de forma bruta e grosseira diante das demais crianças da escola, como já mencionado no capítulo anterior – o personagem, ao mesmo tempo em que se sente culpado, comparando-se a um criminoso, reflete sobre quem deveria ser mais cauteloso: ele, um garoto que ainda estava aprendo a controlar as forças de seu corpo, ou um experiente educador.

O tribunal de arbitragem teve grande importância no que diz respeito à reclamação de uma injustiça ou à realização de uma queixa, evidenciando a seriedade que os problemas das crianças mereciam. A função do tribunal, bem como as concepções que fundamentaram a elaboração do código eram a de disseminar o perdão, a compreensão, a bondade, a imparcialidade e a justiça. Segundo Gadotti, a concepção de educação de Korczak compreende o conflito (inerente à convivência em conjunto) como algo que deve ser trabalhado e levado a sério de forma que este seja uma oportunidade para melhorar, aprender, avançar e construir um ambiente harmonioso em conjunto com as pessoas mais próximas.

Nesse sentido, Korczak reconheceu na educação um meio para a emancipação da criança e seus instrumentos educacionais (o quadro, a caixa de cartas, a vitrina dos objetos achados, a vassoura-escova, o comitê da tutela, as reuniões-debate, o jornal, o tribunal de arbitragem, o código do tribunal de arbitragem, o conselho jurídico e o parlamento) possibilitaram à criança o direito à educação, ao respeito, a ser quem ela é, a ser defendida, a aprender, a se desenvolver física e emocionalmente, a ser amparada, levada a sério, a ter voz para expressar sua opinião, desejos, reclamações.

O DIREITO DA CRIANÇA À EDUCAÇÃO

Corroborando com os princípios educacionais de Korczak, o Princípio VII da Declaração de 1959 diz que a criança tem direito à educação gratuita e ao lazer infantil, e assegura que:

> A criança tem direito a receber educação escolar, a qual será gratuita e obrigatória, ao menos nas etapas elementares. Dar-se-á à criança uma educação que favoreça sua cultura geral e lhe permita – em condições de igualdade de oportunidades – desenvolver suas aptidões e sua individualidade, seu senso de responsabilidade social e moral. Chegando a ser um membro útil à sociedade. O interesse superior da criança deverá ser o interesse diretor daqueles que têm a responsabilidade por sua educação e orientação; tal responsabilidade incumbe, em primeira instância, a seus pais.[20]

Importante ressaltar que, além do orfanato, as crianças frequentavam a escola, pois Korczak acreditava que essa experiência era de suma importância para elas, já que assim teriam a oportunidade de conviver com outras crianças cuja realidade era diferente da dos internos, e a troca de experiências ao conhecer essas crianças seria benéfica para eles. Além disso, a vida em comunidade propiciava às crianças a formação na luta contra as desigualdades sociais. Salienta-se, ainda, que tanto o orfanato quanto a escola eram instituições gratuitas.

O DIREITO DE BRINCAR

Korczak também afirma que "as crianças têm necessidade de rir, correr, fazer uma porção de tolices".[21] Elas têm o direito de brincar e realizar todo e qualquer feito relativo ao mundo infantil. Direito assegurado ainda no Princípio VII da "Declaração universal dos direitos da criança": "A criança deve desfrutar plenamente de jogos e brincadeiras os quais deverão estar dirigidos para educação; a sociedade e as autoridades públicas se esforçarão para promover o exercício deste direito".

Em *Como amar uma criança*, Korczak comenta:

> [...] penso que o primeiro e indiscutível direito da criança é aquele que lhe permite expressar livremente suas ideias e tomar parte ativa no debate concernente à apreciação da sua conduta e também na punição. Quando o respeito e a confiança que lhe devemos forem uma realidade, quando ela própria se tornar confiante, grande número de enigmas e de erros desaparecerão.[22]

Korczak respeitava a criança como ela era, bem como sua individualidade e a sua condição humana. Apontou para a necessidade de compreendê-la e educá-la a partir do que é no presente, não pensando apenas no que será no futuro. Ele garantiu às crianças do orfanato, órfãs ou não, o direito ao afeto, à segurança, lutando por seu direito de viver o hoje, de brincar, de aprender, ser cuidado, amar e ser amado.

Nesse quadro, vimos que muitos dos ideais e das concepções de Korczak estão presentes na "Declaração universal dos direitos da criança" assim como em diferentes espaços e ideais pedagógicos de outros educadores. Entre estes, trazemos alguns aspectos e aproximações de tais ideais com a pedagogia de Célestin Freinet.

POSSÍVEIS APROXIMAÇÕES ENTRE ALGUMAS CONCEPÇÕES PEDAGÓGICAS DE KORCZAK E A PEDAGOGIA DE FREINET

As concepções e ideais pedagógicos de Janusz Korczak estavam inseridas em um movimento de renovação educacional, que buscava romper com determinadas práticas conservadoras no campo educativo, centrada na figura autoritária do professor em que seu papel era a transferência de conhecimentos e conteúdos que pouco ou nada se relacionavam à vida prática do educando, uma lógica de educação desprovida de conexões com a realidade social, cultural, econômica e histórica da criança. O trabalho do educador polonês dialoga com o de outros educadores que, assim como Korczak, visavam à autonomia dos educandos, respeitando a criança como e quem ela é, considerando e compreendendo sua singularidade e as especificidades do mundo infantil. Um dentre eles é Célestin Freinet, educador francês que tinha uma postura pedagógica muito semelhante à de Korczak, valorizando o trabalho coletivo e a criação por parte das crianças.

CONTRIBUIÇÕES PARA A INFÂNCIA E A EDUCAÇÃO

Trata-se de aproximações com o que Korczak acreditava ser a educação ideal, fomentadora da emancipação dos sujeitos, libertando as crianças do autoritarismo e despotismo do adulto. Essa concepção de educação aproxima-se de pressupostos a partir dos quais Libâneo (1985) conceituou como Pedagogia Progressista em suas tendências libertadora e libertária de educação.

> As versões libertadora e libertária têm em comum o antiautoritarismo, a valorização da experiência vívida como base da relação educativa e a ideia de autogestão pedagógica. Em função disso, dão mais valor ao processo de aprendizagem grupal (participação em discussões, assembleias, votações) do que aos conteúdos de ensino. Como decorrência, a prática educativa somente faz sentido numa prática social junto ao povo, razão pela qual preferem as modalidades de educação popular "não formal".[23]

Há muitos estudiosos e educadores que se aproximam de tal ideário pedagógico e que são referências importantes na história da educação. Neste momento fazemos menção a Célestin Freinet, nascido no dia 15 de outubro de 1896 em um vilarejo chamado Gars, na região de Provença, no sul da França. Freinet passou sua infância no campo, mantendo constante contato com a natureza e com o meio rural, sempre em meio às paisagens, envolvido com modo de produção artesanal e comportamentos e valores dos homens do campo do início do século. Freinet foi, inclusive, pastor de rebanhos.

Iniciou o Magistério na Escola Normal de Nice em 1914, no entanto, teve sua formação interrompida quando, naquele período, aos 18 anos, participou dos combates na Primeira Guerra Mundial (1914-1918). Após um ano de combate, foi ferido gravemente nos pulmões devido aos gases tóxicos eliminados nos campos de batalha. Embora tenha buscado por terapias durante quatro anos, nunca se recuperou totalmente, pois ficaram sequelas irreversíveis à sua saúde, sobretudo ao seu sistema respiratório. Assim, diante da ineficácia de todas as terapias, aceitou sua condição assumindo a realidade de sua enfermidade.[24]

Suas próprias condições de vida influenciaram mais tarde a sua pedagogia. Com o intuito de promover uma reforma geral no ensino francês, Freinet reuniu suas experiências didáticas num sistema que denominou **Escola Moderna**, e desenvolveu algumas "técnicas" que fizeram parte de seu ideário pedagógico, entre elas: a **correspondência entre escolas** (para que os alunos tanto pudessem escrever como pudessem ser lidos), os **jornais de classe** (mural, falado e impresso), o **texto livre** (como uma forma de estímulo para que as crianças registrassem por escrito suas ideias, vivências e histórias), a **cooperativa escolar**, o **contato frequente com os pais** (para Freinet, a escola deveria ser extensão da família) e os **planos de trabalho**.

Entretanto, houve um caminho a ser percorrido até chegar à Escola Moderna. Segundo Rosa Maria Sampaio, em entrevista para o documentário *Coleção grandes educadores: Célestin Freinet,*[25] em 1920 Freinet começou a lecionar em uma casa em que as condições eram bastante precárias, na aldeia de Bar-sur-Loup, no sul da França. Como ainda era um professor inexperiente, compensava esta falta demonstrando profundo respeito pela criança.

A partir dessa experiência, recomeçou os estudos sozinho, pautando-se em autores como Rousseau, Rabelais, Montaigne e Pestalozzi. Aprendia também através da sua atenta observação: todos os dias anotava o que ouvia dos alunos, registrava as observações, o comportamento, as dificuldades e os sucessos. Assim, foi descobrindo então, o universo das individualidades das crianças. Inquieto com as condições da escola na época, questionava a eficiência das normas rígidas, como, por exemplo, as filas, os horários e os programas.

As experiências do dia a dia e suas observações levaram Freinet a perceber que o que interessava às crianças estava fora da sala de aula: os animais, a água do rio batendo nas pedras, a luz do sol, ou seja, o mundo externo e suas imensas possibilidades de descobertas e aprendizagens. Dentro da sala não havia nada que realmente motivasse as crianças, Freinet então sentiu a necessidade de mudar e logo surgiu a experiência da **aula-passeio**. A princípio, a aula-passeio consistia em um passeio informal com as crianças, no entanto, a partir dessas experiências, Freinet percebeu que esses passeios permitiam a elas novas descobertas, promovendo situações inesperadas, engraçadas e, por vezes, difíceis de entender.

Ele também notou que, à medida que saíam nesses passeios, a relação professor-aluno era alterada, pois durante as aulas-passeio as crianças agiam e interagiam com o professor, criando um vínculo afetivo entre eles. Essa mudança foi uma grande contribuição da pedagogia Freinet, visto que antes o professor falava em um estrado posicionado à frente da sala de aula, enquanto as crianças, sentadas, apenas o ouviam.

Sampaio relata que na aula-passeio, quando retornavam à sala de aula, as crianças traziam consigo uma grande diversidade de objetos encontrados durante o trajeto e deveriam então registrar esse momento através de um texto escrito.[26] Em seguida, dava-se início à leitura obrigatória do livro de sala de aula; no entanto, Freinet percebeu que, nesse momento, todo o encanto que envolvia as crianças, proveniente da aula-passeio, simplesmente desaparecia. A leitura não tinha para elas um significado real e, portanto, era algo desagradável de se fazer. Freinet sentiu que precisava buscar uma nova técnica de aprendizagem da leitura, já que as leituras obrigatórias não tinham relação com a realidade das crianças, não surtindo nelas nenhum interesse.

Na busca por uma técnica de aprendizagem que despertasse na criança o interesse pela leitura e escrita, Freinet trouxe para a sala de aula uma impressora artesanal. A chegada deste instrumento foi uma surpresa que fomentou a curiosidade e o interesse das crianças. Elas podiam escrever frases colocando-as em umas caixinhas que o próprio Freinet inventou, ajustá-las à máquina e então imprimi-las. As crianças se maravilhavam com as impressões, com os textos que dali saíam. A ideia era que o escrito da criança fosse para algum lugar, que tivesse um destinatário, e não simplesmente limitar-se ao caderno guardado na gaveta. Assim, a escrita teria um sentido e significado para a criança, e desse modo nascia a proposta do **texto livre**.

Para que os textos atingissem outros interlocutores além dos alunos, Freinet teve a ideia de enviá-los aos pais, mas não apenas textos soltos. Ele propôs juntar o material, semanalmente ou mensalmente, e construir um **jornal** para depois enviá-lo às famílias. Essa iniciativa foi tomando proporções maiores, e as crianças começaram a preparar os jornais e levar para a família ler. Freinet então expandiu a distribuição do jornal para além da família, enviando-os para outras pessoas. Nesse período, ele começou a escrever artigos de educação sobre a imprensa na classe. Vários professores ficaram entusiasmados com a ideia de utilizar a impressa na sala de aula e começaram também a fazê-lo.

Couto comenta que tanto Freinet na França quanto Korczak na Polônia imprimiram seus jornais em uma época, começo do século, em que muitos educadores encontravam incontáveis dificuldades materiais e políticas para executar projetos como este.[27]

Em 1927, Freinet participou do Congresso de Tours, evento que segundo Èlise Freinet[28] reuniu "educadores apaixonados por seu ofício (que) levavam seus trabalhos e seu entusiasmo, demonstravam que a livre expressão da criança se encontrava na origem de uma inversão de conceito de educação".[29] Nessa ocasião, Freinet apresentou através do **texto livre** sua pedagogia para o mundo. O educador levou seus alunos e expôs toda a coleta de materiais advinda da impressão de textos e registros de desenhos.

Segundo Amorim, Castro e Silva, o texto livre representa o eixo que possibilita a aprendizagem, a qual se consolida intrinsecamente na atuação do princípio da livre expressão.[30] A livre expressão em Freinet, por sua vez, representa um dos pilares da sua pedagogia em que

> [...] a criança é capaz de expressar seus sentimentos, emoções, pensamentos, conhecimentos prévios através de uma aprendizagem real e significativa. Quando a criança sente segurança e confiança no ambiente em que está inserida, torna-se possível o crescimento e o desenvolvimento de suas potencialidades e de sua autoconfiança.[31]

O **livro da vida**, uma das "técnicas" da pedagogia freinetiana, consiste em uma forma de registro da livre expressão. Em um caderno, os alunos registravam suas impressões, sentimentos, pensamentos diversos, resultando em um registro de todo o ano escolar. Semelhante a um diário de classe, o registro da livre expressão aparecia em forma de texto, desenho, pintura. Segundo Souza, "o livro da vida é um meio de incentivar na criança o gosto e o desejo de escrever, uma vez que nele está expresso o que ela disse, fez, viveu e compreendeu".[32]

Em sua entrevista para o documentário sobre Freinet, Sampaio comenta que certa vez um professor do norte da França produziu um jornal com sua turma e, sem saber o que fazer, foi aconselhado a enviá-lo ao professor que foi precursor desta ideia: Freinet. Ele então recebe este jornal, enviado dentro de um envelope, mostrando-o para as crianças de sua turma. Uma delas lê um dos textos do jornal, e, ao findar da leitura, Freinet questionou o que então, neste momento, eles poderiam fazer. Prontamente, um dos garotos respondeu que deveriam responder a esses alunos do norte da França, "vamos fazer um texto e mandar para eles". Tem início a **correspondência interescolar**.

Através da correspondência interescolar, atividade cooperativa de estreitamento das relações humanas, é possível aos alunos socializarem informações, conhecimentos, experiências. Atividade amplamente utilizada por Freinet, permitiu aos alunos se comunicarem com outros estudantes de escolas diferentes, que também propicia à criança a aprendizagem da vida cooperativa. Primeiramente os professores faziam a comunicação entre si para, posteriormente, organizar a forma que se daria a correspondência: cartas, textos, fitas, desenhos.

A pedagogia de Freinet circula entre o individual e o coletivo, procurando desenvolver ao máximo o senso cooperativo, como consta-ta Kanamaru.[33] A ideia do cooperativismo nas práticas pedagógicas de Freinet, segundo o autor, estaria ligada às relações didáticas entre educadores e educandos num esforço para alcançar a construção de uma real autonomia. Sendo assim,

> [...] consequentemente essa relação se estendeu mutuamente entre educadores. Nesse ponto, observamos a principal consequência humana, teórica, política e social da moderna pedagogia do trabalho freinetiano. A única relação social possível para essa pedagogia da autonomia radical, portanto, corresponde ao *cooperativismo*, para a produção social da livre relação de trabalho entre pares.[34]

Sampaio ainda relata que, quando essas correspondências precisavam ser enviadas, era necessário analisar algumas demandas, como, por exemplo, a compra do envelope, dos selos e a postagem.[35] Para que pudessem administrar essas demandas, Freinet propunha que tais assuntos fossem discutidos em grupos para melhor organizá-las. No entanto, durante essas conversas, ele notou outras demandas para além da correspondência, e tudo que fosse pertinente a ela tornava-se pauta de discussão. Foi quando Freinet teve a ideia de colocar na parede da sala de aula um quadro com três envelopes e para cada um deles havia uma das seguintes frases: *eu proponho, eu critico* e *eu felicito*, o que ele denominou **jornal mural**. Durante a semana, as crianças iam preenchendo os envelopes com suas propostas, críticas e felicitações. No final da semana, realizava-se uma reunião de cooperativa, um momento considerado solene por Freinet, uma espécie de assembleia que ocorria na sala de aula e havia sido previamente organizada para este momento. Em seguida, era realizada a leitura de tudo o que havia sido depositado nos envelopes e, para tanto, era eleito um coordenador e redator, que juntamente com o professor dirigiam a reunião.

Essas reuniões de cooperativa, ou assembleias, eram práticas educativas que proporcionavam aos alunos a oportunidade de discutir juntos acerca de atitudes que deveriam ser tomadas, regras que deveriam ser seguidas ou criadas, enfim, toda sorte de decisão coletiva. Consistiu em um instrumento que possibilitou aos alunos manifestarem suas opiniões, suas ideias, exprimindo-se conforme seu desejo e necessidade, exercitando a prática da democracia. Era preciso esperar o momento de falar, ouvir os outros, saber respeitar as opiniões alheias, e, sempre que surgiam conflitos, saber resolvê-los **coletivamente**.

> Freinet não operava didática e pedagogicamente a partir de ideias puras, mas, consciente das relações materiais concretas de produção, sistematizou o uso e a apropriação coletiva das técnicas em torno da imprensa escolar e de outras novas mídias daquele contexto. Essa medida, além de oferecer as condições objetivas concretas para a produção dessas relações didáticas, gerava principalmente as *condições reais de autonomia, livre trabalho e livre expressão* de educandos e também de educadores.[36]

Diante do exposto, tanto Korczak, na Polônia, como Freinet, na França, acreditaram e investiram em uma educação que contemplasse o respeito à criança, ao direito de ser ela mesma e à sua emancipação. Freinet desenvolveu técnicas pedagógicas que condiziam com a realidade de seus alunos, gerando novas descobertas e novos aprendizados. A escola moderna de Freinet se baseou na livre expressão e no trabalho cooperado, a partir de técnicas concretas e da relação de ensino e aprendizagem aberta no vilarejo em torno da escola.

É possível considerar que as concepções pedagógicas de ambos os autores se aproximam em diferentes aspectos, como vimos aqui. O jornal escolar, a assembleia, o texto livre e a aula-passeio, bem como a livre expressão, cooperação, relação educador-educando e a autogestão. Assim como Korczak, Freinet buscou através de seu fazer pedagógico dar voz às crianças para expressarem-se, reclamarem seus direitos, exercerem a democracia e alcançar a emancipação. Trata-se de concepções ainda hoje atuais e que têm sido aplicadas em nossas escolas com diversos objetivos, embora nem sempre se saiba sua origem. Segundo Kanamaru, é preciso objetivar a construção de uma escola em que o trabalho é cooperado e popular, qualificada por Freinet como moderna e do futuro, mas, também, risonha e franca.[37]

APROXIMAÇÕES HISTÓRICAS:
UM DIÁLOGO COM OUTROS EDUCADORES DE SUA ÉPOCA

Se anteriormente trouxemos uma aproximação entre as concepções pedagógicas de Korczak e Freinet, neste momento adentramos um pouco mais no contexto histórico em que as ideais educativas de Korczak ganharam terreno e inspiraram outras perspectivas ao processo educativo. Neste sentido, trazemos um breve diálogo com outros pensadores e educadores de sua época, que direta ou indiretamente influenciaram e/ou foram influenciados pelo trabalho realizado pelo educador polonês.

Sabemos que o trabalho de Korczak pautou-se em uma forte intuição/inquietação pedagógica, fundamentada tanto em sua experiência de vida e no seu poder de observação – ao reconhecer a criança como sujeito histórico, social, cultural e de direitos – quanto nas teorias então em voga, em especial nas áreas da Educação e da Psicologia, que instigados pelo movimento progressista ou escolanovista, ao qual nos referimos no capítulo "A educação em Korczak", demarca uma nova concepção de educação na virada do século XIX para o XX. Essa estreita relação entre teoria e prática lhe confere uma potência reflexiva particular.[38]

Sendo este um período de muitos conflitos e guerras que culminariam com o advento da Primeira Guerra Mundial em agosto de 1914, fato que fez o historiador britânico Eric Hobsbawm considerar esta como uma data de periodização para o fim do século XIX e o início do novo século,[39] havia uma atmosfera de perplexidade que envolvia diferentes questões e ambientes. A educação escolar estava sentindo os efeitos dessa redefinição cultural,[40] ou do que Hannah Arendt chamaria posteriormente de crise geral que se abatia sobre o mundo,[41] uma vez que sua organização priorizava uma instrução técnica centrada por um pensamento cada vez mais ufanista, o que ajudou a consolidar uma formação baseada na obediência servil, muito útil aos Estados que necessitavam de mais jovens soldados nas suas trincheiras.

POR UMA EDUCAÇÃO TRANSFORMADORA

"Até o início do século XX, a segurança e a independência de um país repousavam apenas em seu poderio militar. As Forças Armadas preocupavam-se apenas em aumentar seu potencial bélico e elaborar planos de mobilização e emprego."[42] Com isso, tanto nos países europeus quanto nos americanos, bem como em outros contextos continentais, a educação escolar podia ser vista como uma forma de orientar os cidadãos a concordarem e participarem dos projetos nacionais que cada nação defendia, criando uma associação administrativa entre cidadania e interesses político-econômico-militares.

Com enfoque na disciplinarização e subordinação dos corpos (a concepção de corpo que trazemos aqui é integral, considera a mente como integrante de nossa constituição física), a estrutura e organização escolar mantinha entre seus objetivos uma educação voltada ao bom comportamento e à submissão. Para muitos reformadores ou inovadores da educação, o que se tinha era um verdadeiro "fracasso social", visto que as tentativas de continuar formando "bons soldados" e empregados coniventes não estavam de acordo com uma proposta de ensino mais humanista e reflexivo, presente nas críticas feitas à época.[43] Para essa nova mirada, a escola e sua organização deveriam ter outra orientação, em que a educação tivesse um sentido em si mesma, baseado nos valores comunitários e na criticidade social.[44]

Segundo Lewowicki,[45] assim como aconteceu com seus contemporâneos, a visão educacional de Korczak foi fortemente influenciada pelo pensamento pedagógico dessa virada de século. Ele dedicava atenção especial às teorias de John Dewey, Jean-Ovide Decroly e Maria Montessori, que se destacavam no movimento cada vez mais consolidado da Escola Nova. Considerando o enfoque histórico de seu tempo, que buscava revisar e criticar os processos educacionais referentes à denominada pedagogia tradicional,[46] o trabalho de muitos contemporâneos de Korczak centraram-se nesse ideal. Tratava-se de uma tendência que revolucionou a escola e o fazer educativo, em que a antiga concepção, direcionada mais no professor como único protagonista do ensino, cede lugar para o protagonismo das crianças, acentuando uma nova relação pedagógica no processo de ensino-aprendizagem.[47]

Era um momento em que as ideias e práticas educacionais estavam em efervescência e o trabalho de alguns educadores acabaram ganhando maior

CONTRIBUIÇÕES PARA A INFÂNCIA E A EDUCAÇÃO

evidência, como foi o caso de John Dewey, "reconhecido por sua relevância e pioneirismo no campo educacional"[48] ao propor uma reconfiguração teórico-metodológica presente nas escolas estadunidenses por um ideal democrático de educação.

Dewey entendia a escola como uma instituição social em constante interação com a realidade circundante, portanto a considerava como uma das partes do todo que compõe a sociedade. Não somente uma das partes, mas sim uma das mais relevantes, ao potencializar por meio do processo social decorrente nela (a educação) "uma cultura de liberdade e democracia deliberadamente escolhida",[49] ou seja, uma cultura política e socialmente desejada. Seria este o caráter eminentemente transformador que a escola poderia exercer, ainda que seus efeitos pudessem ser positivos, como assim Dewey esperava, ou negativos, como ele denunciava e criticava.

> [...] a escola não é intrinsecamente positiva para a manutenção da democracia – e isso não acontece por conta de eventuais ineficiências na transmissão de conteúdos [...]. Fundamentalmente, reside em seus métodos e práticas cotidianas a capacidade de favorecer uma cultura emancipadora ou antidemocrática. Assim, a aquisição dos saberes escolares é significada pelo método empregado e pelos princípios que ele expressa, à medida que gradativamente fomentam procedimentos, posturas, atitudes e valores, compondo uma dada cultura.[50]

Segundo Yehuda Kahana, educador conterrâneo de Korczak e que trabalhou com ele, "Korczak entendeu que é impossível mudar a sociedade sem mudar a educação. Ele era democrático, liberal, humano",[51] sendo estes os princípios básicos que fundamentaram sua atuação nos orfanatos que criou. Notamos uma percepção bastante similar entre Korczak e Dewey no que diz respeito aos ideais democráticos na educação.

Tal postura epistemológica se aproxima também de dois colegas de profissão de Korczak: Jean-Ovide Decroly e Maria Montessori. Para Decroly, a escola seria a instituição mais poderosa para modificar a realidade social concreta de tantas crianças e jovens em condição de pobreza, prevenindo o mal que as assolava, porém a forma como era organizada ajudava mais na ampliação das desigualdades socioeconômicas que mantinham distante as possibilidades de mudança. A escola, que poderia direcionar seu público para uma vida e uma sociedade melhor, continuava seu perverso processo

107

de exclusão. Seria necessário outro tipo de abordagem pedagógica, que tivesse como objetivo/finalidade um ideal democrático, contrário às ideias conservadoras vigentes.[52]

Uma escola e uma educação orientadas a partir de uma nova direção, que procurasse "desenvolver as potencialidades humanas", como também corroborava Montessori.[53] A escola teria como novo horizonte educativo a centralidade na autonomia da criança, sua autoria como produtora do próprio conhecimento e a disciplina desenvolvida em relação a si mesma com os outros, desde que ancorada em um ambiente que lhe propiciasse meios adequados para tal fim.

Montessori defendia a liberdade da criança para que assim aprendesse "pela ação concreta",[54] e acreditava que a educação deveria se concentrar no estudo da formação de sua personalidade. Seria esta "a reforma essencial"[55] necessária de ser empreendida à escola, aos educadores e à pedagogia de seu tempo. "É aqui que começa uma nova orientação na qual não será mais o professor que ensina a criança, mas a criança que ensina o professor".[56]

Eis uma mudança de pensamento radical para os parâmetros da época: a criança no centro da atividade educativa como aquela que ensina o adulto; mais do que isso, que ensina o adulto professor, tirando-o de sua posição de poder – o que, nas críticas feitas tanto por Korczak quanto por seus contemporâneos, seria um ponto-chave para rever o modo como a autoridade adulta na maioria das vezes se confundia com o autoritarismo adultocêntrico.

> Uma criança não é um néscio, entre elas os imbecis não são mais numerosos que entre nós. Vestindo-nos em nossas roupagens de dignidade de adultos, impomos-lhes entretanto um número considerável de deveres ineptos e tarefas irrealizáveis. Quantas vezes a criança para, aturdida de estupefação diante de tanta arrogância, tanta agressividade, tanta estupidez adulta.[57]

Quando ainda era um jovem estudante de Medicina, Korczak tinha o hábito de ler obras de Psicologia e Educação, e sua dedicação a essas áreas tornou-se mais presente quando começou a atuar na Pediatria. Sua afinidade com pensadores como Pestalozzi, Fröbel e Spencer logo se tornou notável, revelando um profundo interesse em observar e compreender as crianças destituídas de dignidade no universo dos adultos. Demonstrando admiração pelos referidos autores, em 1899 ele escreveu: "Pestalozzi, Fröbel e Spencer não têm menos brilho que os dos grandes inventores do século XX, pois eles descobriram mais do que as forças desconhecidas da natureza; eles descobriram a metade desconhecida da humanidade: as crianças".[58]

Como observa Szpiczkowski, Korczak "reconhecia a criação pedagógica de seus antecessores e os respeitava. Mais do que isso, queria se equiparar a eles".[59] E quem foram os educadores contemporâneos que demonstram sintonia com a pedagogia korczakiana?

Alguns foram mencionados antes e em capítulos anteriores, mas podemos resumir tais influências e referências, ou aproximações epistemológicas, da seguinte forma: de modo mais direto ao seu trabalho, constariam nomes como os de Johann Pestalozzi (Suíça, 1746-1827), Friedrich Fröbel (Alemanha, 1782-1852) e Herbert Spencer (Reino Unido, 1820-1903). De modo mais indireto, e que se tornaram proeminentes pensadores/teóricos da educação naquele período: William Preyer (Reino Unido, 1841-1897), John Dewey (Estados Unidos, 1859-1952), Sebastien Faure (França, 1858-1942), Francesc Ferrer (Espanha, 1859-1909), Rudolf Steiner (Áustria, 1861-1925), Manoel Bomfim (Brasil, 1868-1932), Maria Montessori (Itália, 1870-1952), Ovide Decroly (Bélgica, 1871-1932), Édouard Claparède (Suíça, 1873-1940), Gustav Wyneken (Alemanha, 1875-1964), Henri Wallon (França, 1879-1962), Alexander S. Neill (Escócia, 1883-1973), Anton Makarenko (Ucrânia/União Soviética, 1888-1939) e Célestin Freinet (França, 1896-1966).

"Entre os educadores mencionados por Korczak, foi com Pestalozzi [...] que ele mais se identificou, ao ponto de ser conhecido como 'Pestalozzi de Varsóvia', 'Pestalozzi polonês' ou 'Pestalozzi do século XX'."[60] Johann Henrich Pestalozzi é considerado um dos maiores cientistas do século XIX e foi inspirado por seu conterrâneo, Rousseau, considerado o pai da educação moderna.[61] Korczak foi profundamente influenciado pelos estudos de Pestalozzi e o citava com frequência entre os educadores/pensadores que admirava. "Muitas de suas ideias educacionais, a dignidade do trabalho, e a importância de se observar claramente para se pensar com clareza, refletem a influência daquele dedicado educador suíço."[62]

Pestalozzi defendia uma pedagogia centrada na criança, na qual o educador deveria conhecê-las e respeitá-las, antes de impor seus métodos. De acordo com Brito, ele tinha uma preocupação com o ser humano em sua totalidade, reconhecendo a importância das emoções e dos afetos,[63] da compaixão pelas crianças "arrastadas a contragosto para as inúteis escolas de seu tempo".[64] Assim como Korczak, Pestalozzi era um sagaz observador da situação das crianças e do modo como elas eram tratadas naquela época. "Ambos acreditavam na reparação da sociedade através da educação e tinham a convicção de que a criança deve estar no centro do processo educacional e ser respeitada nas suas necessidades individuais."[65]

Seguindo uma abordagem pestalozziana, Korczak priorizava o desenvolvimento emocional da criança. Para ele, uma orientação tranquila permitia que a criança aprendesse por meio de suas próprias experiências, tornando-se um indivíduo capaz de lidar com seus sentimentos e, assim, ganhando autonomia e desenvolvendo sua independência. A pedagogia korczakiana fazia com que a criança aprendesse a lidar com suas frustrações e tivesse conhecimento de seus direitos e deveres, ao mesmo tempo em que passava a entender as frustrações, os direitos e os deveres dos outros. Uma pedagogia centralizada no respeito, na escuta e no diálogo. Como afirma uma das crianças sobreviventes do Holocausto, que frequentou um dos orfanatos dirigidos por Korczak: "Tínhamos autonomia completa, e isto gerou em mim autoestima, respeito e amor-próprio elevados".[66]

Ao assumir um compromisso político com a educação das crianças, tratando-as com respeito e dignidade, escutando-as com atenção e buscando desenvolver nelas a autonomia com base em trabalhos individuais e coletivos, Korczak se aproxima de outro importante pedagogo de sua época, o ucraniano Anton Makarenko. Semelhante a Korczak, "dedicou-se aos mais necessitados da sociedade, à produção literária, à importância atribuída à educação informal, e ao trabalho em colônias de férias, de onde extraiu vários princípios para suas condutas educativas".[67]

Makarenko salientava que a educação das crianças era a mais relevante das tarefas sociais, considerando que tal prioridade evitaria problemas no futuro. Seguindo um caminho parecido com Korczak, o educador soviético atuou na "direção de uma colônia para crianças abandonadas – órfãos de guerra, jovens delinquentes, toxicômanos, prostitutas, uma população lúmpen nas condições mais precárias".[68] Com essa experiência, potencialmente descrita em seu *Poema pedagógico*,[69] identificou que as crianças e jovens necessitam estar inseridas nas dinâmicas de sua realidade, com efetivo poder de participação – e não deixadas à margem, somente à mercê das ordens (e do autoritarismo) dos adultos.

Korczak se destacou como um educador dedicado à causa da infância. Sua concepção humanista, a preocupação com o desenvolvimento emocional das crianças e a defesa pelos seus direitos são uma constante fonte de inspiração. O legado de Korczak é uma lembrança recorrente de que as crianças precisam (e merecem) de respeito, amor, dignidade, cidadania, algo que a sociedade, por meio de suas instituições, tem o dever de cumprir. Suas ideias, bem como os seus ideais, permanecem atuais e relevantes, oferecendo uma base sólida para a construção de uma escola, uma educação e uma sociedade em que as crianças, todas elas, tenham a possibilidade de simplesmente ser quem são.

E que as crianças tenham ainda oportunidades de perceberem o quanto, ao crescer, elas podem se tornar pessoas melhores a cada dia. Que o sonho da vida adulta não seja ou se torne um pesadelo, a ponto de lhes causar receios ou medos. Que seu passado não se assemelhe a uma terna (e tênue) sombra fugidia na memória. "A infância é os longos e importantes anos na vida de um homem",[70] nos lembra Korczak. Saibamos valorizar e aproveitar estes anos.

Há bons momentos também no porvir.

NOTAS

[1] S. J. Miranda, *Criança e adolescente: direito a direitos*, São Paulo, Rideel, 1999, p. 71.

[2] G. Gonçalves, *A criança como sujeito de direitos: um panorama da produção acadêmica brasileira (1987-2013)*, dissertação (mestrado em Educação) – Universidade Federal de Santa Catarina, Florianópolis, 2015.

[3] União Internacional de Proteção à Infância, fundada por Eglantine Jebb em 1914. Mais informações em: https://www.savethechildren.org/us/about-us/why-save-the-children/eglantyne-jebb.

[4] M. L. Marcílio, "A lenta construção dos direitos da criança brasileira: século XX", em *Revista da USP*, São Paulo, v. 37, pp. 46-57, mar./maio 1998.

[5] J. Korczak e D. A. Dallari, *O direito da criança ao respeito*, São Paulo, Summus, 1986, p. 86.

[6] A. C. R. Marangon, *Janusz Korczak, precursor dos direitos da criança: uma vida entre obras*, São Paulo, Unesp, 2007, p. 160.

[7] F. K. Comparato, *A afirmação histórica dos direitos humanos*, São Paulo, Saraiva, 2001.

[8] N. Bobbio, *A era dos direitos*, Rio de Janeiro, Campus, 1992, p. 28.

[9] A. C. R. Marangon, *Janusz Korczak, precursor dos direitos da criança: uma vida entre obras*, São Paulo, Unesp, 2007, p. 162.

[10] Idem, p. 163.

[11] Organização das Nações Unidas (ONU), "Declaração dos Direitos da Criança", em *Resolução da Assembleia Geral das Nações Unidas*, nº 1386 (XIV), 20 nov. 1959.

[12] G. Gonçalves, *A criança como sujeito de direitos: um panorama da produção acadêmica brasileira (1987-2013)*, dissertação (mestrado em Educação) – Universidade Federal de Santa Catarina, Florianópolis, 2015, p. 33.

[13] Idem, p. 34.

[14] Lifton apud A. C. R. Marangon, *Janusz Korczak, precursor dos direitos da criança: uma vida entre obras*, São Paulo, Unesp, 2007, p. 165.

[15] J. Korczak, *Como amar uma criança*, Rio de Janeiro, Paz e Terra, 1997, p. 74.

[16] Idem, p. 72.

[17] Lifton apud A. C. R. Marangon, *Janusz Korczak, precursor dos direitos da criança: uma vida entre obras*, São Paulo, Unesp, 2007, p. 168.

[18] J. Korczak & D. A. Dallari, *O direito da criança ao respeito*, São Paulo, Summus, 1986, p. 73.

[19] Idem, p. 87.

[20] Organização das Nações Unidas (ONU), "Declaração dos Direitos da Criança", em *Resolução da Assembleia Geral das Nações Unidas*, nº 1386 (XIV), 20 nov. 1959.

[21] J. Korczak, *Como amar uma criança*, Rio de Janeiro, Paz e Terra, 1997, p. 228.

[22] Idem, pp. 68-9.

[23] J. C. Libâneo, *Democratização da escola pública: pedagogia crítico-social dos conteúdos*, São Paulo, Loyola, 1985, p. 9.

[24] A. T. Kanamaru, "Autonomia, cooperativismo e autogestão em Freinet: fundamentos de uma pedagogia solidária internacional", em *Educação e Pesquisa*, São Paulo, v. 40, n. 3, pp. 767-81, fev. 2014.

[25] Com direção de Paulo Aspis e disponível em: https://www.youtube.com/watch?v=J_KfzThlbmU.

[26] R. M. W. Sampaio, *Coleção grandes educadores: Cèlestin Freinet*, dirigido por P. Aspis, Atta – Mídia e Educação/ CEDIC, Belo Horizonte, 2006.

[27] J. C. D. Couto, "Aplicação do jornalismo escolar como prática docente no ensino fundamental", *Convenit Internacional*, São Paulo, v. 1, p. 33-8, 2015.

[28] Esposa de Célestin Freinet.

[29] É. Freinet, *O itinerário de Cèlestin Freinet*, Rio de Janeiro, Livraria Francisco Alves Editora S. A, 1979, p. 30.

[30] G. C. C. Amorim, A. M. N. de Castro e M. F. dos S. Silva, "Teorias e práticas de Cèlestin Freinet e Paulo Freire", em *Anais do IV FIPED*, Fórum Internacional de Pedagogia, Campina Grande, Realize, 2012.

[31] Idem, p. 8.

[32] D. B. Souza, *A pedagogia Freinet nas séries iniciais do 1º grau: algumas sugestões de organização do trabalho pedagógico*, Caderno nº 3, Natal, EDUFRN, 1996, p. 8.

[33] A. T. Kanamaru, "Autonomia, cooperativismo e autogestão em Freinet: fundamentos de uma pedagogia solidária internacional", em *Educação e Pesquisa*, São Paulo, v. 40, n. 3, pp. 767-81, fev. 2014.

[34] Idem, p. 10.

[35] R. M. W. Sampaio, *Coleção grandes educadores: Cèlestin Freinet*, dirigido por P. Aspis, Atta – Mídia e Educação/ CEDIC, Belo Horizonte, 2006.

[36] Idem, p. 11.

[37] A. T. Kanamaru, "Autonomia, cooperativismo e autogestão em Freinet: fundamentos de uma pedagogia solidária internacional", em *Educação e Pesquisa*, São Paulo, v. 40, n. 3, pp. 767-81, fev. 2014.

[38] M. Gadotti, "Janusz Korczak precursor dos direitos da criança", em *The Sixth International Janusz Korczak Conference*, Western Galilee, pp. 15-7, dez. 1998.

[39] E. J. Hobsbawm, *A era dos impérios (1875-1914)*, Rio de Janeiro, Paz e Terra, 1988.

[40] C. Alves, "Formação militar e produção do conhecimento geográfico no Brasil do século XIX", em *Revista Electrónica de Geografía y Ciencias Sociales*, Barcelona, vol. X, n. 218, pp. 741-98, ago. 2006.

[41] H. Arendt, "A crise na educação", em Hannah Arendt, *Entre o passado e o futuro*, São, Paulo, Perspectiva, 1972, pp. 221-47.

[42] J. C. dos Santos, "O relacionamento civil-militar", em *Revista da Escola Superior de Guerra*, Rio de Janeiro, ano XVI, n. 38, pp. 133-64, 1999, p. 133.

[43] A. M. de Mesquita, "Os conceitos de atividade e necessidade para a escola nova e suas implicações para a formação de professores", em Lígia Márcia Martins e Newton Duarte (orgs.), *Formação de professores: limites contemporâneos e alternativas necessárias*, São Paulo, Unesp, São Paulo, 2010, pp. 63-2.

[44] C. C. Trindade, "John Dewey: o lugar da educação na sociedade democrática", em Carlota Boto, *Clássicos do pensamento pedagógico: olhares entrecruzados*, Uberlândia, Edufu, 2019, pp. 115-40.

[45] T. Lewowicki, "Perfil de Janusz Korczak", em Tadeuz Lewowicki, Helena Singer e Jayme Murahovschi, *Janusz Korczak. Perfil, lições, "o bom doutor"*, São Paulo, Edusp, 1998, pp. 9-47.

[46] A. M. de Mesquita, "Os conceitos de atividade e necessidade para a escola nova e suas implicações para a formação de professores", em Lígia Márcia Martins e Newton Duarte (orgs.), *Formação de professores: limites contemporâneos e alternativas necessárias*, São Paulo, Unesp, São Paulo, 2010, pp. 63-2.

[47] "Se antes, para a pedagogia tradicional, o processo pedagógico era centrado no professor, na transmissão de certos conteúdos definidos em currículo, para a nova tendência, a atividade dos alunos assumia protagonismo inconteste. Na revisão e crítica da pedagogia tradicional, ela percebeu que a instrução catedrática que

CONTRIBUIÇÕES PARA A INFÂNCIA E A EDUCAÇÃO

caracterizava sua antecessora não passava de uma forma perigosa de educação. Além de não favorecer o desenvolvimento, pois não se relacionava a nenhuma necessidade dos aprendizes, era ainda perniciosa a ele. Termos como 'monstruosidade psicológica...' de Claparède (1958, p. 145) e 'heresia pedagógica...' de Dewey (apud Bloch, 1951, p. 14) dão uma referência para a forma como esses teóricos analisavam a escola tradicional." Idem, p. 65.

[48] C. C. Trindade, "John Dewey: o lugar da educação na sociedade democrática", em Carlota Boto, *Clássicos do pensamento pedagógico: olhares entrecruzados*, Uberlândia, Eduf, 2019, pp. 115-40.

[49] Idem, p. 124.

[50] Idem, p. 125.

[51] A. Szpiczkowski, *Os órfãos de Korczak: vivências de uma educação transformadora*, São Paulo, Comenius, 2013, p. 119.

[52] F. Dubreucq, "Jean-Ovide Decroly – Prospects: The Quarterly Review of Comparative Education", em *Unesco: International Bureau of Education*, Paris, vol. 23, n. 1/2, pp. 249-75, 1993.

[53] M. Montessori, *Éducation pour un monde nouveau*, Paris, Desclée de Brouwer, 2010, p. 8.

[54] A. Szpiczkowski, *Os órfãos de Korczak: vivências de uma educação transformadora*, São Paulo, Comenius, 2013, p. 62.

[55] M. Montessori, *Pedagogia científica*, Flamboyant, São Paulo, 1965, p. 16.

[56] M. Montessori, *Éducation pour un monde nouveau*, Paris, Desclée de Brouwer, 2010, p. 9.

[57] J. Korczak e D. A. Dallari, *O direito da criança ao respeito*, São Paulo, Summus, 1986, p. 48.

[58] Publicado em um dos periódicos da editora Czytelnia dla Wszystik, *Leitor universal* (1899, p. 2 apud T. Lewowicki, "Perfil de Janusz Korczak", em Tadeuz Lewowicki, Helena Singer e Jayme Murahovschi, *Janusz Korczak. Perfil, lições, "o bom doutor"*, São Paulo, Edusp, 1998, pp. 9-47, p. 26).

[59] A. Szpiczkowski, *Os órfãos de Korczak: vivências de uma educação transformadora*, São Paulo, Comenius, 2013, p. 66.

[60] Idem, ibidem.

[61] National Geographic, "Rousseau, o pai da pedagogia moderna", em *Grandes Reportagens – National Geographic Portugal*, Lisboa, ago. 2021.

[62] Lifton apud A. C. R. Marangon, *Janusz Korczak, precursor dos direitos da criança: uma vida entre obras*, São Paulo, Unesp, 2007, p. 59.

[63] M. R. M. G. Brito, *O direito da criança ao respeito, à participação e à liberdade em discursos de professores/as*, dissertação (mestrado em Educação) – Universidade Federal de Mato Grosso, Rondonópolis, 2015.

[64] B. Bontempi Jr., "O pedagogo prático e seu método em perene construção: J. H. Pestalozzi", em Carlota Boto, *Clássicos do pensamento pedagógico: olhares entrecruzados*, Uberlândia, Edufu, 2019, pp. 71-87, p. 82.

[65] A. Szpiczkowski, *Os órfãos de Korczak: vivências de uma educação transformadora*, São Paulo, Comenius, 2013, p. 66.

[66] Idem, p. 113.

[67] Idem, p. 61.

[68] W. G. Rossi, "Apresentação", em Anton Simionovich Makarenko, *Conferências sobre educação infantil*, São Paulo, Moraes, 1981, pp. 9-15.

[69] A. S. Makarenko, *Poema pedagógico*, São Paulo, Ed. 34, 2005.

[70] J. Korczak e D. A. Dallari, *O direito da criança ao respeito*, São Paulo, Summus, 1986, p. 45.

PALAVRAS FINAIS

Este livro teve por finalidade analisar as concepções de criança e educação em Janusz Korczak, elencando algumas contribuições para a infância e a educação. A vida e a obra do autor fundamentaram seu posterior reconhecimento público, marcando-o como precursor dos direitos da criança. Foram descritos aspectos de sua biografia, inseridos em um determinado período histórico decisivo no que concerne à sua trajetória e à sua produção escrita. Trata-se de aspectos imprescindíveis para situar a reflexão teórica no contexto de sua experiência como educador.

Vimos que embora proveniente de família abastada, desde cedo Korczak mantinha uma atenção e preocupação com as crianças com menos condições materiais. Quando pequeno, achava o modo como as crianças pobres de sua comunidade levavam a vida – brincando na rua com pés descalços, correndo o tempo todo e bebendo água da nascente – mais interessante que a sua, dentro de uma casa que embora fosse confortável não o possibilitava tamanha liberdade, uma vez que era impedido de deixá-la para brincar livremente com as demais crianças.

Foi um jovem aficionado por literatura e um crítico da educação de sua época. Teve professores autoritários e punitivos que, inclusive, infligiam o castigo físico aos alunos. No entanto, tal experiência não o influenciou negativamente em sua prática educativa, ao contrário, ele disseminou o respeito, o amor e a compreensão acerca da realidade do educando e de suas necessidades.

Antes mesmo de cursar Medicina ou especializar-se em Educação, o jovem Korczak já dava pistas do grande educador que um dia seria, quando passou a dar aulas particulares aos filhos de famílias financeiramente confortáveis, situação em que o faz perceber o quanto estava ligado às crianças e ao ato de educar. Após graduar-se em Medicina, exerceu a profissão por um considerável período, trabalhando em hospitais infantis judaicos e nas guerras. Presenciou o infortúnio vivido pelas crianças pobres judias e o quanto lhes eram negados direitos que, embora naquela época ainda não fossem registrados nos marcos legais, o autor já lhes reconhecia.

Viveu em um período marcado por conflitos, guerras, preconceito e destruição. Não aceitou a condição a que ele e os judeus foram submetidos, principalmente as crianças, que por sua vulnerabilidade acabavam sofrendo mais. Korczak deu continuidade à luta de seus descendentes – bisavô, avô e pai – batalhando pela tentativa de amenizar as tensões e conflitos que os judeus sofriam na sociedade polonesa. Seu envolvimento com a causa judaica, principalmente em favor das crianças e da educação, levou-o, juntamente com outros colaboradores igualmente preocupados com a educação e a situação das crianças pobres judias, a construir um orfanato modelo, o Lar das Crianças, que ficou amplamente conhecido justamente devido aos "métodos" pedagógicos lá aplicados.

A premissa desse local se pautava no respeito à criança, à justiça e à democracia. Korczak e Stefa dedicaram suas vidas ao orfanato, educando e cuidando de seus internos. Importante ressaltar que a dimensão do cuidado também estava presente no Lar. Alimentação (distribuída em diferentes refeições ao longo do dia), higiene pessoal (o que incluía banhos, uso de roupas limpas e adequadas, limpeza das mãos e escovação) e cuidados com a saúde faziam parte da rotina do Lar e não estavam dissociadas da dimensão do educar. Segundo Wassertzug, frequentemente o próprio Korczak cuidava do banho das crianças na intenção de se certificar de que estariam devidamente limpas e bem cuidadas. Em seguida, acompanhava-as ao dormitório para desejar-lhes boa noite e, ainda durante a madrugada, dirigia-se novamente aos dormitórios para verificar se todas dormiam bem.

Korczak conhecia bem a criança, desde seu desenvolvimento físico até emocional. Reconheceu desde as necessidades fisiológicas, aspectos que o próprio corpo da criança possa apresentar, até as condições psicológicas e emocionais dela, compreendendo-as e respeitando-as dentro das especificidades de cada uma.

Sua formação em Medicina Pediátrica indubitavelmente contribuiu para seu conhecimento acerca da saúde da criança, seu desenvolvimento e necessidades em cada etapa. O amor que desde bem jovem já sentia por elas, sua experiência como professor particular, como médico no hospital

PALAVRAS FINAIS

infantil judaico, como educador nas colônias de férias e sua trajetória de vida guiaram-no a um elevado nível de conhecimento acerca da criança e da infância. Korczak descrevia a criança real, sem grandes exaltações à pureza e à ingenuidade.

Alguns títulos de suas obras, como, por exemplo, *Como amar uma criança*, *Quando eu voltar a ser criança* e *O direito da criança ao respeito*, denotam pistas e sinais de procedimentos que Korczak julgava ser necessários para que conhecêssemos e tratássemos de um modo melhor nossas crianças, libertando-as do despotismo do adulto. Para amar uma criança é preciso "voltar a ser criança", e para voltar a ser criança só podemos contar com a recordação – é necessário lembrar como nos sentíamos naquela época, como era nosso pensamento naquela idade. Marangon afirma que "quando formos capazes de voltar a ser criança, saberemos amar a infância como condição coletiva. Reconheceremos, sobretudo, que a criança [...] tem direito ao respeito".[1]

Em *Como amar uma criança*, Korczak demonstra seu profundo conhecimento acerca do universo infantil e da criança em si. Aconselha as famílias, especialmente as mães, buscando despertar um olhar atento para os desejos, emoções e sentimentos da criança, de forma a não a limitar apenas ao estado físico dela. Ele também, durante diversos momentos da obra, aconselha os educadores através do compartilhamento de suas experiências, desde seus sucessos a seus fracassos. Afirma que a criança é um sujeito que possui singularidades, cabe ao adulto respeitar seu direito de ser quem ela é, compreender suas atitudes buscando agir com justiça e sabedoria. Isso, no entanto, não significa deixar a criança entregue às suas próprias vontades. Acerca disso, Korczak faz diversos alertas afirmando que amar significa determinar certos limites, ajudar a criança a encontrar seu caminho, mesmo que para isso tenha que permiti-la errar, pois, para ele, a partir de seus erros a criança seria capaz de reconhecer e repensar sua atitude, melhorando-a.

Quando eu voltar a ser criança nos mostra como a infância pode ser cheia de momentos de penúrias. Mostra-nos, ainda, a disparidade entre o tratamento dirigido ao adulto e à criança. O diálogo entre a mente do personagem adulto e do menino denuncia as injustiças cometidas arbitrariamente, mas que na visão do adulto é considerada uma atitude normal, corriqueira e, muitas vezes, correta. Esse diálogo também nos

117

permite ver como a criança encara as coisas simples do mundo: tudo lhe parece interessante, desperta-lhe a curiosidade, vontades e desejos que surgem inexplicavelmente, sejam eles o de correr, rolar no chão ou adotar um animalzinho encontrado na rua.

A partir do estudo das obras mencionadas, foi possível conhecer e discutir aspectos do pensamento de Korczak sobre a criança e alguns princípios/propostas educativas que inspiraram diversos educadores na história da educação. Ao longo deste livro, buscamos refletir não apenas sobre o tratamento dado à criança em Korczak, mas também a perguntar como nos dirigimos às crianças e a forma como outras pessoas também o fazem.

É possível que cada um de nós tenhamos algum dia presenciado uma situação em que um adulto constrangeu uma criança, seja gritando grosseiramente, colocando-a fortemente sentada na cadeira, ou pegando-a pelo colarinho e dando-lhe uma chacoalhada, como fez o diretor com o personagem menino. O que fizemos diante dessas situações, sabendo que em algum nível os direitos e a dignidade da criança estavam sendo infringidos? Fica a reflexão...

Ao analisar a concepção de educação de Korczak ressaltamos que, ao pensar em estratégias pedagógicas, sua premissa era romper com os padrões tradicionais de educação centrados na autoridade do professor, o que lhe conferia, por vezes, um posicionamento autoritário diante do aluno. Seu ideal de educação estaria baseado no respeito à humanidade da criança, na compreensão de sua singularidade e no amor a ela.

Nesse sentido, elucidamos como suas propostas contribuíram para promover a democracia e a justiça naquele ambiente. As crianças também puderam sentir que seus problemas tinham relevância e que elas tinham o direito de requerer um retratamento a depender do caso. Aprenderam a perdoar e a ponderar cada caso. Como, por exemplo, com o tribunal de arbitragem, em que puderam criar um código que permitiu que pudessem, a partir do que estava definido em seus artigos, estabelecer uma "outra ordem" dentro do Lar. A princípio as novas regras não foram bem aceitas pelos internos, mas paulatinamente, junto ao esforço de Korczak, Stefa e demais educadores, as crianças puderam compreender a função desses instrumentos no cotidiano do Lar e respeitá-los. Com a consolidação do tribunal, do código de arbitragem e do parlamento, foi possível instaurar a autogestão no Lar das Crianças. A partir da autogestão foi possível criar

PALAVRAS FINAIS

um ambiente em que as crianças eram responsáveis por assuntos que envolviam tanto a administração como a convivência interior no geral.

Dessa forma, foi possível fomentar a autonomia do pensamento, tomada de atitudes e decisões bem como a responsabilidade por quaisquer que sejam seus atos, formando sujeitos capazes de pensar por si mesmos sem ficar a mercê do autoritarismo do adulto, e livres com a oportunidade de aprender e viver novas descobertas que são inerentes ao mundo infantil. Além de grande educador, Korczak também foi considerado o precursor dos direitos da criança. Antes mesmo que fosse criado algum documento oficial que registrasse seu direito, ele já proclamava e lutava para que a criança fosse um sujeito detentor de direitos e, mais do que isso, tivesse-os garantidos.

Em 1924, com a "Declaração de Genebra", alguns direitos da criança foram anunciados, no entanto, Korczak não concordava que se tratava de direitos, por considerar o tom da Declaração um pedido, e não uma exigência, pois para ele o direito deve ser exigido, e não solicitado. Quando transferidos para o gueto de Varsóvia, Korczak saía pelas ruas a **exigir** recursos e suprimentos para suas crianças, buscando por aquilo que deveria pertencer a elas por direito.

Sua luta o levou até as últimas consequências, assim, suas obras e trajetória inspiraram a proclamação da "Declaração universal dos direitos das crianças", em 1959, num cenário caótico pós-guerra, ainda fortemente marcado pelos rastros do antissemitismo que conduziram Korczak e suas duzentas crianças ao campo de concentração em Treblinka. A defesa dos direitos das crianças, no entanto, permanece até hoje, pois, embora registrados nos marcos legais, o caminho para a plena garantia deles ainda é algo bastante complexo.

Nas aproximações entre as concepções pedagógicas de Korczak e Freinet, ambos os educadores incentivaram o trabalho colaborativo, a autonomia do pensamento, além de demonstrar profundo respeito pela criança e consideração pela sua causa.

As assembleias do tribunal de arbitragem de Korczak e as reuniões de cooperativa para a leitura do jornal de parede de Freinet demonstraram a valorização das crianças e suas particularidades, permitindo que fossem escutadas e tivessem seus problemas compreendidos e solucionados. Era possível então fomentar uma postura reguladora de atitudes e

119

comportamentos que, a partir do que havia sido coletivamente decidido, passava a ser seguida. Porém, mais do que meramente seguir uma regra, esses instrumentos possibilitaram às crianças serem responsáveis por suas escolhas e decisões, e assim buscarem a justiça, a ordem, a harmonia e a democracia, sejam elas no Lar das Crianças ou na escola de Freinet.

Eles acreditavam numa relação horizontal entre professor e aluno, em que era preciso conquistar a confiança da criança, criando com ela um vínculo afetivo, pois desta forma a relação ensino-aprendizagem aconteceria de forma significativa para o educando. Também valorizaram a livre expressão, em que a criança tinha o direito de expressar suas emoções, sentimentos, desejos que acreditavam pertinentes. Freinet fomentou esta expressão através do texto livre, desenhos, pinturas ou daquilo que a criança pudesse criar e do jornal escolar que também fez parte das "técnicas" pedagógicas dos educadores. Enquanto Korczak o utilizava dentro da própria instituição, Freinet o enviava às famílias e depois para outras escolas. Ambos foram redigidos pelas crianças, incentivando o interesse pela leitura e escrita, exercitando a prática da alfabetização e letramento, bem como a integração, no caso do jornal de Freinet, com outras realidades. Korczak também sugere que cursos de jornalismo pedagógico devessem ser inseridos em programas de ensino nas escolas para professores.

É possível ainda encontrar outras relações dos ideais de educação de Korczak com Paulo Freire, que fala sobre a autonomia como uma forma de libertação, e a Escola da Ponte, em Portugal, que também adota o modelo de autogestão. Certamente há muitos outros educadores e projetos que poderiam ser relacionados.

Diante das contribuições que Korczak deixou para a educação, pensamos na relevância que estudar este autor durante um curso de formação de professores pode ter, enriquecendo a prática pedagógica do futuro docente. Ao se estudar um autor como Korczak, a percepção acerca das crianças se modifica. Não apenas a respeito delas, mas em nossa postura como docentes e as práticas pedagógicas desenvolvidas.

Korczak inspirou e continua a inspirar reflexões acerca da criança, da infância e da educação e merece lugar de destaque na literatura em língua portuguesa na categoria dos grandes educadores. No entanto, embora tenha dedicado a vida à educação e suas obras serem um referencial no que concerne à relação pedagógica pautada na participação da criança, no reconhecimento de suas potencialidades e de seus direitos, ele ainda não ocupa um lugar entre os grandes intelectuais da educação estudados nos cursos de formação de professores, não sendo elencado como um clássico da Pedagogia, ao menos no contexto brasileiro. Este livro contribui para aproximar o pensamento de Korczak aos cursos de formação em diferentes áreas.

Através de um trabalho atento, sensível e humanizador, este médico e pedagogo conseguiu penetrar no universo infantil de forma sincera e afetuosa, sendo capaz de percebê-lo a partir do ponto de vista da própria criança. Que sua vida e obra possam inspirar outros educadores, profissionais e cidadãos a lutar pelos direitos das crianças, de modo a fomentar uma educação e uma sociedade emancipadora. Que possamos aprender a respeitar e amar as crianças como aos outros e a nós mesmos.

NOTA

[1] A. C. R. Marangon, *Janusz Korczak, precursor dos direitos da criança: uma vida entre obras*, São Paulo, Unesp, 2007, p. 184.

REFERÊNCIAS

ABRAHAM, B. *Janusz Korczak*: coletânea de pensamentos. São Paulo: Associação Janusz Korczak do Brasil, 1986.

ABRAMOVICH, F. Prefácio. In: KORCZAK, J. *Como amar uma criança*. Rio de Janeiro: Paz e Terra, 1997, pp. 7-10.

ALMEIDA, A. A. L. *As contribuições de Korczak para a infância, educação e direitos da criança*. Florianópolis, 2018. TCC (graduação em Pedagogia) – Centro de Ciências da Educação, Universidade Federal de Santa Catarina.

ALVES, C. Formação militar e produção do conhecimento geográfico no Brasil do século XIX. *Revista Electrónica de Geografía y Ciencias Sociales*, Barcelona, vol. X, n. 218 (60), ago. 2006.

AMORIM, G. C. C.; CASTRO, A. M. N.; SILVA, M, F. S. Teorias e Práticas de Cèlestin Freinet e Paulo Freire. *Anais do IV FIPED*, Fórum Internacional de Pedagogia. Campina Grande: Realize, 2012.

ARENDT, H. A crise na educação. In: _____. *Entre o passado e o futuro*. São Paulo: Perspectiva, 1972, pp. 221-247.

ARNON, J. *Quem foi Janusz Korczak?* São Paulo: Perspectiva, 2005.

BELINKY, T. Prefácio. In: KORCZAK, J. *Quando eu voltar a ser criança*. São Paulo: Summus, 1981, pp. 9-10.

BOBBIO, N. *A era dos direitos*. Rio de Janeiro: Campus, 1992.

BONTEMPI JR., B. O pedagogo prático e seu método em perene construção: J. H. Pestalozzi. In: BOTO, C. *Clássicos do pensamento pedagógico*: olhares entrecruzados. Uberlândia: Edufu, 2019, pp. 71-87.

BRITO, M. R. M. G. *O direito da criança ao respeito, à participação e à liberdade em discursos de professo-res/as*. Rondonópolis, 2015. Dissertação (mestrado em Educação) – Universidade Federal de Mato Grosso.

CASTILHO, C.; WAACK, W. *Polônia*: os 500 dias que abalaram o socialismo. Rio de Janeiro: Codecri, 1982.

COMPARATO, F. K. *A afirmação histórica dos direitos humanos*. São Paulo: Saraiva, 2001.

COUTO, J. C. D. Aplicação do jornalismo escolar como prática docente no ensino fundamental. *Convenit Internacional*, São Paulo, v. 1, pp. 33-8, 2015.

CYTRYNOWICZ, R. *Memória de barbárie*: a história do genocídio dos judeus na Segunda Guerra Mundial. São Paulo: Nova Estella, EDUSP, 1990.

DALMASIO, O. G. *Os caminhos pedagógicos de Janusz Korczak*: análise documental de teses e dissertações nacionais de 1999 a 2017. Sorocaba, 2022. Dissertação (mestrado em Educação) – Universidade Federal de São Carlos.

DUBREUCQ, F. Jean-Ovide Decroly – Prospects: The Quarterly Review of Comparative Education. *Unesco: International Bureau of Education*, Paris, vol. 23, no. 1/2, 1993, pp. 249-75.

FREINET, É. *O itinerário de Cèlestin Freinet*. Rio de Janeiro: Livraria Francisco Alves Editora S. A. 1979.

GADOTTI, M. Janusz Korczak precursor dos direitos da criança. *The Sixth International Janusz Korczak Conference*, Western Galilee, December 15-17, 1998.

GONÇALVES, G. *A criança como sujeito de direitos:* um panorama da produção acadêmica brasileira (1987-2013). Florianópolis, 2015. Dissertação (mestrado em Educação) – Universidade Federal de Santa Catarina.

GRZYBOWSKI, P. P. Introdução. Janusz Korczak – como amar o mundo. In: KORCZAK, J. *A sós com Deus – orações dos que não oram.* Bragança Paulista: Comenius, 2007, pp. 9-19.

HOBSBAWM, E. J. *A era dos impérios (1875-1914).* Rio de Janeiro: Paz e Terra, 1988.

KANAMARU, A. T. Autonomia, cooperativismo e autogestão em Freinet: fundamentos de uma pedagogia solidária internacional. *Educação e Pesquisa*, São Paulo, v. 40, n. 3, fev. 2014.

KORCZAK, J. *Como amar uma criança.* Rio de Janeiro: Paz e Terra, 1997.

KORCZAK, J. *Diário do gueto.* São Paulo: Perspectiva, 1986.

KORCZAK, J. *Quando eu voltar a ser criança.* São Paulo: Summus, 1981.

KORCZAK, J.; DALLARI, D. A. *O direito da criança ao respeito.* São Paulo: Summus, 1986.

LEWOWICKI, T. Perfil de Janusz Korczak. In: LEWOWICKI, T.; SINGER, H.; MURAHOVSCHI, J. *Janusz Korczak. Perfil, lições, "o bom doutor".* São Paulo: Edusp, 1998, pp. 9-47.

LIBÂNEO, J. C. *Democratização da escola pública:* pedagogia crítico-social dos conteúdos. São Paulo: Loyola, 1985.

MAKARENKO, A. S. *Poema pedagógico.* São Paulo: Ed. 34, 2005.

MARANGON, A. C. R. *Janusz Korczak, precursor dos direitos da criança:* uma vida entre obras. São Paulo: Unesp, 2007.

MARCÍLIO, M. L. A lenta construção dos direitos da criança brasileira: século XX. *Revista da USP*, São Paulo, v. 37, pp. 46-57, mar./maio 1998.

MESQUITA, A. M. Os conceitos de atividade e necessidade para a escola nova e suas implicações para a formação de professores. In: MARTINS, L. M.; DUARTE, N. (Orgs.). *Formação de professores*: limites contemporâneos e alternativas necessárias. São Paulo: Unesp; Cultura Acadêmica, 2010, pp. 63-82.

MIRANDA, S, J. *Criança e adolescente:* direito a direitos. São Paulo: Rideel, 1999.

MONTEIRO, L. *Educação e direitos da criança*: perspectiva histórica e desafios pedagógicos. Minho, 2006. Dissertação (mestrado em Educação) – Instituto de Educação e Psicologia, Universidade do Minho.

MONTESSORI, M. *Éducation pour un monde nouveau.* Paris: Desclée de Brouwer, 2010.

MONTESSORI, M. *Pedagogia científica.* Flamboyant: São Paulo, 1965.

NATIONAL GEOGRAPHIC. Rousseau, o pai da pedagogia moderna. *Grandes Reportagens – National Geographic Portugal*, Lisboa, ago. 2021.

ORGANIZAÇÃO DAS NAÇÕES UNIDAS (ONU). "Declaração universal dos direitos da criança". Resolução da Assembleia Geral das Nações Unidas, nº 1.386 (XIV), de 20 de novembro de 1959.

PEROZA, M. A. R. Infância, educação e dignidade humana: considerações sobre os processos educativos da criança. *Práxis Educativa*, Ponta Grossa, v. 13, n. 1, pp. 48-66, jan./abr. 2018.

ROSSI, W. G. Apresentação. In: MAKARENKO, A. S. *Conferências sobre educação infantil.* São Paulo: Moraes, 1981, pp. 9-15.

ROSEMBERG, F. Janusz Korczac. *Cadernos de Pesquisa*, São Paulo, n. 31, dez. 1979.

ROSEMBERG, F.; MARIANO, C. L. S. A convenção internacional sobre os direitos da criança: debates e tensões. *Cadernos de Pesquisa*, São Paulo, v. 40, n. 141, set./dez. 2010.

SAMPAIO, R. M. W. *Coleção grandes educadores: Cèlestin Freinet* (direção de Paulo Aspis). Atta – Mídia e Educação/CEDIC, Belo Horizonte, 2006.

SANTOS, J. C. O relacionamento civil-militar. *Revista da Escola Superior de Guerra*, Rio de Janeiro, n. 38, 1999, pp. 133-64.

SARUE, S. M. *Janusz Korczak diante do sionismo.* São Paulo, 2011. Dissertação (mestrado em Letras) – Faculdade de Filosofia, Letras e Ciências Humanas, Universidade de São Paulo.

SINGER, H. *República de crianças:* uma investigação sobre experiências escolares de resistência. São Paulo: Hucitec, 1997.

REFERÊNCIAS

SOUZA, D. B. *A pedagogia Freinet nas séries iniciais do 1º grau*: algumas sugestões de organização do trabalho pedagógico. Caderno nº 3, Natal: EDUFRN, 1996.

SZPICZKOWSKI, A. *Janusz Korczak:* uma abordagem educacional. 2008. Disponível em: http://diversitas.fflch.usp.br/files/active/0/Aula_6.pdf. Acesso em: ago. 2018.

SZPICZKOWSKI, A. *Os órfãos de Korczak*: vivências de uma educação transformadora. São Paulo: Comenius, 2013.

TRINDADE, C. C. John Dewey: o lugar da educação na sociedade democrática. In: BOTO, Carlota. *Clássicos do pensamento pedagógico*: olhares entrecruzados. Uberlândia: Edufu, 2019. pp. 115-40.

UNICEF. *Convenção sobre os direitos da criança*. Nova York: Unicef, 1989.

UNITED NATIONS. Declaration of the Rights of the Child G.A. res. 1386 (XIV), 14 U.N. GAOR Supp. (No. 16) at 19, U.N. Doc. A/4354 (1959). In: UN; Department of Public Information (Org.). *The United Nations and Human Rights, 1945-1995*. New York: United Nations, 1995. Disponível em: http://www.cirp.org/library/ethics/UN-declaration/. Acesso em: set. 2023.

UNITED NATIONS. *Geneva Declaration of the Rights of the Child*. Geneva: League of Nations, 1924. Disponível em: http://www.un-documents.net/gdrc1924.htm (traduzida para o português no seguinte link: https://www.unicef.org/brazil/media/22021/file/Declaracao-de-Genebra-1924.pdf). Acesso em: set. 2023.

WASSERTZUG, Z. *Janusz Korczak mestre e mártir*. São Paulo: Summus. 1983.

OS AUTORES

Aline Alvim realiza mestrado em Educação na Universidade Federal de Santa Catarina, ampliando suas pesquisas a respeito das contribuições pedagógicas presentes nas obras de Janusz Korczak. É graduada em Letras com habilitação em Língua Portuguesa e Inglesa pela Universidade Católica de Santos (UniSantos) e em Pedagogia pela Universidade Federal de Santa Catarina (UFSC). Integrante do Núcleo Infância, Comunicação, Cultura e Arte (NICA/CNPq/UFSC) e com quase uma década de experiência no ensino, articula em seus estudos questões referentes à infância, educação e os direitos da criança nas obras de Korczak.

Monica Fantin é professora titular do Centro de Educação da Universidade Federal de Santa Catarina (UFSC), onde atua no Departamento de Metodologia de Ensino e no Programa de Pós-Graduação em Educação. É doutora em Educação pela UFSC com Estágio no Exterior na Università Cattolica del Sacro Cuore, USCS, Milão. Realizou pós-doutorado em Estética no Departamento de Filosofia da USCS em 2016 e estágio pós-doutoral na Universitat de Lleida em 2022. Líder do Grupo de Pesquisa Núcleo Infância, Comunicação, Cultura e Arte, NICA, UFSC/CNPq, articula ensino, pesquisa e extensão a partir dos temas da infância, cinema e educação; mídia-educação, tecnologias e cultura digital; formação docente e dimensões estéticas na formação. Possui diversas publicações sobre infância, educação e comunicação.

José Douglas Alves é doutor em Educação pela Universidade Federal de Santa Catarina (UFSC), mestre em Educação pela Universidade Federal de Sergipe (UFS) e pedagogo. Membro do Núcleo Infância, Comunicação, Cultura e Arte (NICA/CNPq/UFSC), tem abordado no âmbito da pesquisa acadêmica a relação das infâncias em diferentes contextos, articulando a experiência estética com filmes no processo formativo (escolar e não escolar) e problematizando a leitura pedagógica de imagens.

GRÁFICA PAYM
Tel. [11] 4392-3344
paym@graficapaym.com.br